KB028225

리추얼의 힘

하버드 신학대학원 펠로우가 찾아낸
관계, 연결, 일상 설계의 기술

캐스퍼 터 카일 지음 · 박선령 옮김

리추얼의 힘

The Power of Ritual

마인드
빌딩

일러두기

• 이 책에 표기된 도서의 영문표기는 국내에서 출판되지 않는 책에 한하여 표기하였음.

"일상의 반복이 신성한 의식이 될 때
나에게 놀라운 변화가 시작된다!"

살면서 행복한 일이 무엇이고, 그것을 어떻게 해야 더 많이 얻을 수 있는지 알고 싶다면 이 책이 새로운 바이블이 되어줄 것이다.

— **클레오 웨이드** 《하트 토크Heart Talk》, 《웨어 투 비긴Where to Begin》의 저자

《리추얼의 힘》은 신비롭다. 새로운 삶의 의미를 찾는 방법에 관심 있는 사람이라면 꼭 읽어봐야 할 필독서다. 지혜와 연민으로 가득 찬 이 책은 당신의 삶을 변화시키는 귀한 책이다. 내 삶은 확실히 달라졌다.

— **존 그린** 《잘못은 우리 별에 있어》의 저자

캐스퍼 터 카일은 의미를 추구하는 우리 세대의 속성을 잘 파악하고 있다. 〈우리가 모이는 방법〉이라는 놀라운 논문을 바탕으로 한 《리추얼의 힘》은 '우리는 무엇이 신성한지 직접 판단한다'는 급진적인 명제를 제시한다.

— **프리야 파커** 《모임을 예술로 만드는 법》의 저자

캐스퍼 터 카일의 책은 정말 현명하고 유용하다. 이 책은 사소하지만 매우 중요한 방법으로 삶을 재편할 기회를 주므로, 당신은 지금보다 더 행복하고 안정되며, 해야 할 일을 더 잘할 수 있게 된다.

— **빌 맥키븐** 《라디오 프리 버몬트Radio Free Vermont》의 저자

기다리던 책이다. 《리추얼의 힘》은 독서와 신체적 활동, 그리고 홀로 있는 시간과 사람들을 신성한 대상으로 대하는 방법을 가르쳐준다.

— **스콧 하이퍼만** 밋업 공동 창업자

캐스퍼는 철저한 연구에 기반해서 우리 생각을 자극하는 리추얼의 힘을 이 책에서 완벽하게 담아냈다. 공동체 건설의 필수적인 요소인 리추얼의 방법과 다양한 사례가 가득하다.

— **라다 아그라왈** 데이브레이커 공동 설립자 겸 CEO, 《빌롱Belong》의 저자

자아에 대한 생각, 타인과 나, 자연과의 관계를 재 정립할 때, 《리추얼의 힘》은 새로운 전통과 오래된 전통에 대한 깊은 통찰력을 제공한다. 멋진 책이다.

— **엘리자베스 커틀러** 소울사이클 공동 설립자

인간은 신앙과 리추얼을 위해 초월을 경험할 수 있는 존재다. 캐스퍼는 세상이 점점 세속화되는 상황에서 일상 속 신성한 것을 발견하고 우리의 하루를 기쁨과 찬양, 감사의 리추얼로 바꾸도록 이끈다.

— **제임스 마틴** 《예수: 순례Jesus: A Pilgrimage》의 저자

언제 규칙을 따라야 하는지 가르쳐 주신 아버지와
규칙을 바꾸는 법을 가르쳐 주신 어머니께 이 책을 바칩니다.

현대인은 분열의 시대를 살고 있다. 학자들의 연구에 따르면, 가족, 이웃, 직장 동료, 교회 등과 같은 안정적이고 지속적이었던 공동체가 지금은 경제적, 사회적 영향으로 인해 자신의 직업과 지역, 우정, 결혼에만 일시적으로 헌신하는 사람들이 늘어나고 있다.

심층적이고 역사적인 이유 때문에 사람들의 정체성도 점점 더 분열되고 있다. 우리는 과거보다 복잡하고 풍부한 정신적 정체성, 성적 정체성, 민족적 정체성을 가지고 글로벌화된 세상에 살고 있다.

이런 단편화 시대에는 권리와 자유 상승, 권력을 쥔 여성의 증가, 예술 형태와 정보의 민주화, 동성애 혐오와 성차별, 최근의 식민지 정복 역사를 규정한 인종 차별주의에서 빠르게 벗어나고 있는 것 등 칭찬할 것들이 많다.

그러나 한편으로는 걱정해야 할 것도 많다. 그중 가장 걱정스러운 부분은 사람들이 공동체의 부재를 느낀다는 것이다. 연구에 따르면 미국과 전 세계의 평균적인 시민들은 그 어느 때보다 외로움을 느낀다고 한다. 친구도 적어졌다. 차를 타고 통근하거나 온라인 피드를 스크롤 하면서 과도한 시간을 소비한다. 사람들에 대한 신뢰도는 낮아졌고 전보다 더 열심히 일한다. 불과 십여 년 전 많은 이들이 열광하며 맞이한 기술이 연결과 공유를 위한 유토피아적이고 디지털적인 신세계가 아니라 이제는 불안과 외로움, 끝없는 비교와 감시로 정의되는 다른 종류의 신세계를 만들어내고 있다. 단편화 시대가 불안의 시대를 연 것이다.

이런 단편화는 정신적, 육체적 비용을 현저하게 증가시켰다. 심리학 교수인 나는 캘리포니아대학 버클리에서 강의하면서 온라인 강좌, 디지털 콘텐츠, 그리고 내가 운영하는 '사이언스 오브 해피니스The Science of Happiness'라는 팟캐스트를 통해 수십만 명의 사람들에게 행복의 과학을 가르친다. 그리고 이 일을 20년 동안 하면서 받은 가장 중요한 질문 중 하나는, '어떻게 해야 더 깊은 행복을 찾을 수 있을까?'라는 것이다.

과학은 '더 많은 공동체를 찾아라', '다른 이들과의 관계를 심화시켜라', '의미 있는 방식으로 다른 사람과 함께 해라', '삶을 체계화할 수 있는 리추얼을 찾아라' 같은 추상적인 답들만 들먹인다. 그렇게 하면 행복이 증진되고, 더 큰 기쁨을 얻을 수 있으며, 심지어 기대수명도 10년이나 늘어난다고 말한다. 그런데 나는 이러한 방법을 통해 관계와 공동체 그리고 리추얼 의식을 형성하는 깊이 있고 실용적이며 원칙적인 방법을 찾기 힘들었다.

하지만 이제는 가능하다. 우리의 이해에 새로운 빛을 비춰주는 캐스퍼 터 카일의 책 《리추얼의 힘》에서, 공동체를 통해 삶에 더 큰 의미를 부여하는 로드맵을 찾을 수 있다.

그 로드맵의 첫 번째 단계는 일상적이고 세속적인 리추얼 ritual(항상 규칙적으로 행하는 의식과 같은 일-옮긴이)을 만드는 것이다. 내 생각에 리추얼이란 인류의 진화에 의해 형성되고 문화적 진화를 통해 문화의 일부가 된 연민, 감사, 경외, 행복, 공감, 황홀감 같은 도덕적인 감정을 실행하는 패턴화되고 반복적인 방식을 뜻한다.

2018년 여름, 나는 캐스퍼에게 일상 속에서 리추얼을 어떻게 실천해야 하는지에 대해 배웠다. 그는 내가 파리에서 가장 좋아하는 성당인 생 제르맹 데 프레에서 열린 의식화된 체험 행사에 나를 초대했다. 조명이 켜진 실내로 들어가기 전에, 우리는 성당 주위를 시계방향으로 돌면서 명상적인 걷기가 만들어낸 소리와 이미지의 흐름을 받아들였다. 성당 안에 들어가 좌석에 앉기 전에 자신이 아끼는 누군가를 위해 무릎을 꿇고 조용히 묵상(기도) 하자고 제안했다. 스테인드글라스 창문의 무늬와 색상을 바라보면서 나뭇잎, 나무의 다채로운 색, 호수에 비치는 모습 등 자연의 패턴과 아름다움을 생각했다. 내 시선은 마치 하늘의 구름을 우러러보듯이 성당의 꼭대기 부분까지 올라갔다. 나는 조용한 감동을 느끼면서 가슴에 십자를 그었다. 나는 신앙심이 깊지는 않지만, 이 책 곳곳에 소개된 이런 간단한 리추얼을 통해 차분함과 경외심, 심지어 은총까지 느꼈다.

리추얼은 진화 과정에서 사람들에게 주어지고 문화적 진화를 통해 정교해진 가장 큰 능력의 패턴을 만든다. 함께 나누고, 노래하고, 찬양하고, 경외하고, 아름다움을 찾고, 춤을 추고, 상상하고, 조용히 반성하고, 우리 눈에 보이는 것 이상의 것들을 감지하는 능력 말이다.

이 책은 파편화된 삶 속에 더 많은 리추얼을 만들 수 있는 고차원의 원칙을 알려준다. 신성한 텍스트를 읽기. 일과 첨단 기술, 사회생활, 너무 많은 일정 때문에 정신없이 부산한 나날에서 벗어날 수 있는 안식일을 만들기. 흔히 기도라고 하는, 사랑과 감사, 회한의 감정을 성찰하는 고요한 마음챙김 기회를 찾기. 다른 사람들과 함께 식사하기. 자아를 초월한 보편적인 근원이자 인생의 고난을 치유하는 자연을 찾기. 이렇듯 파편화된 삶의 정신 속에서, 캐스퍼는 영적인 삶에 대한 광범위하고 종합적인 관점을 통해 우리 삶에 의미와 공동체의 힘을 깨닫게 해주는 리추얼을 만들고 실천하자고 권한다.

캐스퍼는 더 도전적인 전망을 제시하기도 한다. 당신이 사회생활을 하면서 이미 본능적으로 만들어낸 리추얼과 공동체를 일깨우는 것이다. 인간은 어딘가에 소속되려는 생물학적인 욕구가 있다는 사실을 과학자들이 증명했다. 독방에 감금되었을 때처럼 주변에 공동체가 없으면 정신을 놓아버리기도 한다. 그래서 사람들은 활발하고 열정적으로 리추얼을 찾거나 만들어낸다.

나는 20년 동안 무릎 연골이 닳도록 길거리 농구를 했다. 캘리포니아의 산타 모니카에서 매사추세츠주의 브록턴, 프랑스의 여러 도시에 이르기까지 내가 가본 거의 모든 도시에서 농구를 했다. 누구하고든 시합을 했다. 심지어 나는 그렇게 숙련된 선수도 아니었다. 그러다가 마침내 농구를 그만둬야 했을 때 가장 그리웠던 것은 득점이나 가끔 거둔 승리가 아니라, 길거리 농구를 할 때 사람들을 뭉치게 하는 리추얼이었다. 주먹 인사, 다양한 형태의 항의와 뉘우침, 축하와 춤, 농구장에서 다섯 명이 함께 움직이는 의례적인 패턴. 이 모든 게 숭고하다.

캐스퍼의 훌륭한 이 책은 이미 삶의 일부가 된 리추얼을 보고 느끼면서, 우리의 정신을 공동체적 사고방식으로 바꿀 수 있게 한다. 이런 일은 스피닝 강습, 등산 여행, 음악 콘서트, 식료품 쇼핑, 가족과의 식사, 놀이나 대화 패턴, 심지어 즐거운 순간에 스마트폰을 이용해 사진, 요리법, 좋은 글귀, 농담, 뉴스 등을 공유할 때도 일어날 수 있다.

나는 《리추얼의 힘》을 읽고 난 후, 내 일상생활 속에 이미 얼마나 많은 리추얼이 존재하는지 깨닫게 되었다. 그리고 마음이 가벼워졌다.

사회적, 경제적 영향이 이 시대를 분열의 시대로 만들었다. 이와 관련해 고립과 외로움을 느낀다. 하지만 이런 단편화 속에도 많은 자유와 희망이 존재한다. 공동체와 리추얼을 보다 풍부하고 다양한 방식으로 창조하며, 인류의 다양성을 존중하고 기리는 것이다.《리추얼의 힘》은 우리를 이 약속으로 인도한다.

대처 켈트너(UC 버클리대학교 심리학과 교수)

차례

THE

POWER

도입

패러다임 변화

OF

RITUAL

THE POWER OF RITUAL

나는 십 대 때 〈유브 갓 메일You've Got Mail〉(1998년 개봉한 미국 로맨스 코미디 영화•옮긴이)이 역대 최고의 영화라고 확신했다. 맥 라이언과 톰 행크스가 연기한 '캐슬린 켈리'와 '조 폭스'는 인터넷 채팅방에서 만난다. 그들이 서로에 대해 아는 것이라곤 둘 다 책을 좋아하고 뉴욕을 사랑한다는 것뿐, 다른 것은 아무것도 몰랐다. 서로의 진짜 이름조차도. 그 둘은 자신의 비밀스러운 두려움과 아픔, 그리고 희망을 이메일로 주고받으면서 사랑에 빠진다. 심지어 아무에게도 말하지 않는 일들까지 모두 공유한다. 이것이 온라인 익명성의 가장 좋은 점이다. 서로 밀접하게 연결되어 있는 동시에 더없이 안전하다고 느끼는 것이다.

당시 나는 영국의 기숙학교에서 테스토스테론이 넘쳐나는 십 대 소년 50명과 함께 살고 있는 꼬마였다. 다른 학생 세 명과 함께 쓰는 침실을 쓱 한 번 둘러보기만 해도 당신이 알아야 할 사실들이 전부 드러난다. 방 안 오른쪽 벽에는 반쯤 벗은 슈퍼모델 포스터가, 왼쪽에는 무시무시한 가면을 쓴 밴드 슬립낫의 사진

이, 그리고 내 자리에는 아가사 크리스티 전집이 놓여 있었다. 당연한 얘기지만, 나는 럭비팀에 선발될 만한 아이는 아니었다. 축구나 다른 스포츠팀도 마찬가지다(결국 내 성향에 맞는 아이들과 친해지고 싶어서 에어로빅 수업에 참여했지만, 그건 또 다른 이야기다). 나는 항상 외로웠다. 산책을 나갈 때면 미용사 흉내를 내면서 내가 다녀온 휴가에 대해 큰 소리로 물어보는 척했다. 또 사바나에서 자기보다 힘센 동료에게 항복하는 모습을 보이는 개코원숭이처럼 상급생들에게 구운 누텔라 샌드위치를 만들어 주면서 환심을 사려고 애썼다.

그러니 사랑과 관계, 즐거움에 관한 그 영화가 왜 내게 그토록 큰 의미가 있었는지 짐작할 수 있을 것이다. 그리고 중요한 것은 〈유브 갓 메일〉의 두 주인공은 마지막까지 실제로 만나지 않는다는 것이다. 영화는 실제 사랑보다는 그에 대한 약속을 담고 있다. 나는 그런 관계를 갈망했다. 나는 〈유브 갓 메일〉을 여러 번 다시 봤다. 이 영화는 내게 이젠 단순한 영화가 아니라 그 이상의 의미를 갖는다. 내가 그 영화에 의미를 부여했기 때문이다. 나는 〈유브 갓 메일〉을 언제 어떻게 봐야 하는지와 관련해 매우 구체적인 규칙을 정해두었다. 반드시 혼자 봐야 하고, 항상 하겐다즈의 프랄린 앤 크림을 한 통 준비해야 했다.

이 영화는 '오! 무슨 영화를 볼까?'라면서 들뜬 마음으로 영화를 고르는 게 아니라, '지금 지독한 상실감과 외로움을 느끼고 있어서 이 슬럼프에서 벗어나려면 내가 가진 모든 걸 동원해야 한다'는 기분이 들 때 보는 영화다. 내 심장에는 주문 같은 어떤 선들이 새겨져 있다. 등장인물들은 내가 세상에서 되고 싶은 사람(혹은 되고 싶지 않은 사람)의 모습을 보여주는 토템이다. 대부분의 사람들에게는 그냥 뻔한 로맨스 코미디 영화일 뿐이겠지만, 내게 〈유브 갓 메일〉은 신성한 존재다.

이것이 바로 이 책에서 다루는 내용이다. 우리가 매일 반복하는 일에 의미를 부여하고 리추얼화하여 독서나 식사처럼 평범한 일상까지 영적인 실천으로 만드는 것이다. 나는 이에 대해 5년 넘게 연구하고 수많은 사람들과 수천 번의 대화를 나눈 결과, 현대인들이 패러다임 전환의 한복판에 있다고 확신하게 되었다. 우리가 지금까지 당연하다고 생각했던 과거의 경험치들이 더 이상 통하지 않는다는 얘기다. 사람들은 이제 16세기의 천문학자들이 지구가 아닌 태양을 태양계의 중심에 놓고 우주의 모습을 다시 상상해야 했던 것처럼, 신성하다는 것이 무엇을 의미하는지 근본적으로 다시 생각해 볼 필요가 생긴 것이다.

이러한 패러다임의 변화는 두 가지 이유로 일어난다. 첫째는 이전에 제기된 가정을 반박하는 새로운 증거가 나오고 있기 때문이다. 예를 들어 찰스 다윈의《종의 기원》이 진화에 대한 사람들의 생각과 성경에 대한 인식 변화에 지대한 영향을 미친 것처럼 말이다. 둘째는 오래된 이론이 사람들이 던지는 새로운 질문에 더 이상 답을 제시하지 못하기 때문이다. 종교나 관계에 관한 생각이 급격하게 변하고 있는 오늘날, 의미 부여와 공동체의 새로운 모습들이 나타나고 있으며, 영성의 전통적인 구조도 우리 삶의 모습을 따라잡기 위해 고군분투하고 있다.

나는 당신이 이미 행하고 있는 연결을 위한 행동을 인식하는 데 도움을 주기 위해 이 책을 썼다. 즉, 의미, 성찰, 안식처, 기쁨의 경험을 심화할 수 있는 습관과 전통이 이미 당신 몸속 깊숙이 내재 되어 있다. 그것들은 좋아하는 책을 읽거나, 지는 해를 바라보거나, 예술 작품을 만들거나, 촛불을 켜거나, 하이킹을 하거나, 명상을 하거나, 다른 사람들과 춤추고 노래하는 과정을 통해서 심화할 수 있다. 그것이 무엇이든 간에 관심이 있는 것부터 시작하자. 그러면 가장 중요한 것과 관계를 맺을 때 어떻게 광범위한 문화적 변화가 일어나는지 알 수 있다.

사람들에게 도움이 되어야 할 종교적 전통은 소기의 목적을 달성하지 못한 경우가 많다. 설상가상으로 많은 종교는 우리를 적극적으로 배제하고 있다. 그러므로 새로운 길을 찾아야 한다. 기존에 존재한 최선의 것들을 바탕으로, 삶의 의미에 대한 새로운 이야기를 통해 자기 자신을 발견할 수 있다. 특정한 종교적 신념을 지지하지 않더라도, 우리가 이 책에서 살펴볼 실천 방안들은 일상적인 의식이든 아니면 연례 전통이든 상관없이 전부 현대인의 영적인 삶에 도움이 되는 것들이다. 이런 선물과 지혜는 대대로 전해져 온 것이다. 이제 그것을 해석할 차례다. 지금 여기에서 당신과 내가 이 일을 함께 하게 되어 정말 기쁘다.

새로운 공동체의 출현

나는 지난 7년 동안, 사람들이 종교를 떠나는 게 그들의 영성이 부족해서는 아니라는 것에 대해 탐구했다. 하버드 신학교의 사역 혁신 연구원인 나는 동료인 앤지 서스턴과 함께 종교의 변화에 대해 연구했다. 앤지와 나는 사람들이 세속적인 공간에서 공동체를 형성하여 전통적인 종교 기관이 하던 기능을 수행하는 모습을 기록한 〈우리는 어떻게 모이는가How We Gather〉라는 논문을 발표했다.

앤지와 나는 수백 차례의 인터뷰와 현장 방문, 그리고 많은 자료를 통해 종교적인 역할을 수행하는 것처럼 보이는 세속적인 공동체를 계속 조사했다. 우리는 어디를 가든, 누구와 얘길 하든, "당신은 어디에서 원하는 공동체를 찾는가?"라고 묻는 것이 습관이 되었다.

이러한 질문에 사람들은 '노벰버 프로젝트', '그룹 뮤즈', '코세차', '터프 머더', '캠프 그라운디드' 등과 같은 자신들이 활동하고 있는 다양한 단체의 이름을 말했다. 앤지와 나는 그들의 대답에 여러 번 놀랐다. 하지만 정말 놀랐던 것은 '크로스핏CrossFit'(여러

종류의 운동을 섞어 단기간에 고강도로 행하는 운동 방법·옮긴이)
이라는 답이 나올 때였다.

사람들은 크로스핏을 단순한 공동체라고만 얘기한 것이 아니
었다. "크로스핏은 내 교회다"라는 말이 후렴구처럼 따라붙었다.
하버드 경영대학원 학생인 알리 후버리와 인터뷰를 했을 때 그
녀는 이렇게 말했다. "크로스핏 박스(헬스클럽)는 내 전부다. 크
로스핏을 통해 남자친구와 친구들을 만났다. 크로스핏은 가족이
고 사랑이며, 공동체다. 크로스핏을 통해 만난 사람들이 없는 내
삶은 상상할 수도 없다." 알리가 다니는 헬스클럽(크로스핏 세계
에서는 박스라고 부르는 곳)에서는 금요일 밤마다 다 같이 모여 술
을 마시기도 하고 일주일에 대여섯 번씩 함께 운동도 한다. 마을
건너편에는 이곳과 제휴를 맺은 다른 박스에서는 예비 엄마들을
위한 모임도 있고 가끔 장기자랑 시간을 마련해 회원들이 스탠
드업 코미디 공연을 하기도 한다.

크로스핏의 공동 창업자인 그레그 글래스먼은 이런 공동체 건
설을 일부러 계획한 적은 없지만, 준 영적 지도자의 역할을 두 팔
을 벌려 받아들였다. 그는 하버드 신학교에서 우리와 만나 인터
뷰를 하면서 이렇게 설명했다. "'당신들은 컬트 집단인가?'라는
질문을 계속 받았다. 그리고 얼마 후, 어쩌면 그럴지도 모른다는
사실을 깨달았다. 우리는 몸을 움직이면서 땀을 흘리고 사랑하고
호흡하는 공동체다. 크로스피터에게는 컬트 집단에 속해 있다는

게 모욕이 아니다. 규율, 정직, 용기, 책임감 등 헬스클럽에서 배우는 것들은 삶을 위한 훈련이기도 하다. 크로스핏은 우리를 더 나은 사람으로 만들어준다." 그의 말은 때로 완전히 종교적인 얘기처럼 들린다. "우리는 뭔가를 지키는 관리인이다"라고 그는 말했다. 크로스핏은 개인이 소유한 회사지만, 그는 자기가 리더로서 하는 역할이 성직자와 비슷하다고 생각한다. 그는 크로스핏 박스에서 "양을 치고 과수원을 관리한다"고 말한다. 그리고 양떼들은 이에 응하여 그를 코치라고 부른다.

어쩌면 이것은 그다지 놀랄 일이 아닐 수도 있다. 어쨌든 크로스핏은 전통적인 종교가 하는 역할을 대신하는 것 같은 활동으로 유명하니까 말이다. 박스를 새로 개장하려고 하는 트레이너들은 이틀간 진행되는 세미나에 참석해서 박스를 개장하는 이유에 대한 에세이를 써야 한다. 본사가 이런 에세이를 통해 살펴보는 것은 지원자의 비즈니스 지식이나 트레이닝 기술, 피트니스 수준이 아니다. 크로스핏을 통해 지원자의 삶이 변화되었는지, 또 크로스핏을 이용해 다른 사람들의 삶을 변화시키고 싶은지 여부가 핵심 요소다.

크로스핏의 이러한 분위기는 단순히 멋진 몸을 얻기 위한 것이 아니다. 이들의 사명은 그보다 훨씬 거대하다. 그들은 미국의 탄산음료 업계와 전쟁을 벌이고 있다. 당뇨병 발병률이 계속 증가하는 상황에서 코카콜라와 펩시가 고칼로리 식단의 영향을 과소

평가하는 공공보건 연구에 자금을 지원하자, 글래스먼은 대형 탄산음료 업체들을 차세대 기업 범죄의 온상으로 여기고 있다. 실제로 크로스핏은 갈수록 시민들의 삶에 많이 관여하고 있다. 남부 캘리포니아에서는 헬스클럽 운영자들이 지역 정치인을 초청해 집회를 열고 대형 탄산음료 업체를 상대로 로비를 벌이기 위해 힘을 합쳤다. 전국적으로 크로스핏은 중독에서 회복 중인 사람들을 지원하는 비영리 헬스클럽 네트워크와도 제휴하고 있다.

앤지와 나는 전 세계 1만 5,000개 이상의 커뮤니티가 참여하는 이런 현상에 주목했다. 크로스핏을 처음 접하는 이들은 대개 살을 빼거나 근육을 키우기 위해 찾아오지만, 그들을 다시 돌아오게 하는 것은 서로의 일에 깊이 관여하는 헌신적인 공동체다.

크로스핏은 전통적인 종교와 비슷한 역할을 하는 공동체를 건설하는 이들과 관련된 가장 놀랍고 널리 퍼진 사례지만, 이것이 유일한 것은 아니다. 놀이와 창작 예술을 중심으로 사람들을 모으는 그룹도 공동체 구축을 위한 공간 역할을 한다. 매사추세츠주 서머빌의 제작자 공간인 '아티전스 어사일럼'에서는 예술가, 보석 제작자, 로봇 제작자, 우주선처럼 생긴 기묘한 자전거 선장, 엔지니어, 디자이너 등이 모여 공동체를 형성됐다. 이들은 낯선 기계나 재료를 사용하는 방법을 서로에게 알려준다. 활성화된 메일링 리스트는 찾기 어려운 부품을 구하거나 새로운 장인들이 일을 시작하는 데 도움이 된다.

아티전스 어사일럼은 사람들이 자신이 되고자 하는 인물로 성장하기 위해 오는 곳이다. 용접 같은 새로운 기술을 배운 회원들은 즉흥 연기나 노래 등 새로운 것을 시도할 자신감이 생긴다. 공예를 처음 접하는 사람의 멘토가 되어주는 경험을 통해, 구성원들이 세상 속에서 자신을 바라보는 시선이 정해진다. 이 공간은 24시간 개방되어 있고, 구성원 중 상당수는 주거가 불안정하기 때문에, 이들 모두 보다 나은 공공주택 정책을 추진하는 시 정부를 옹호하는 일에 열정을 쏟고 있다. 이런 모임의 유사점을 발견하는 것은 어렵지 않다.

1년 반 동안 인터뷰를 진행하고 참가자들을 관찰한 앤지와 나는 세속적인 공간이 한때 종교 기관이 했던 것과 비슷한 방식으로 사람들 간에 연결될 수 있는 기회를 제공한다는 사실을 알게 되었다. 또한 그런 활동을 통해 영적인 목적을 충족시키는 다른 것들도 제공하고 있음을 깨달았다. 우리가 연구한 공동체는 사람들에게 개인적, 사회적 변혁을 위한 기회를 주고, 창의력을 발휘하면서 자신의 목적을 명확히 할 수 있게 해주며, 책임감과 공동체 연결을 위한 체계를 제공한다.

그리고 이런 공동체 리더들은 신뢰와 존경을 받게 되면서, 구성원들이 가장 궁금해하는 인생의 의문과 변화에 대해 여러 질문들을 받게 됐다. 우리는 요가 강사와 미술 강사들이 결혼식과 장례식을 집전하고, 사람들이 건강 문제나 관계 파탄을 겪을 때

의사나 목사가 아니라 피트니스 전문가에게 상담한다는 얘기를 들었다. 한 '소울사이클' 강사는 어느 일요일 오후에 단골 고객에게서 '남편과 이혼해야 할까요?'라는 문자를 받은 적이 있다고 한다. 공동체 리더들은 이런 중대한 인생 전환에 대처하기 위한 정규 교육을 받지 않았고 마음의 준비도 되어 있지 않았지만 어쨌든 최선을 다했다. 공동체는 아픈 회원들을 중심으로 모여서 음식을 갖다주거나, 병원에 갈 돈을 모으거나, 병원까지 데려다주기도 했다. 비록 전통적인 집회와는 전혀 닮은 구석이 없지만, 갈수록 공동체의 오래된 패턴이 현대적인 맥락에서 새롭게 표현되는 모습을 볼 수 있었다.

이런 현대적인 공동체를 연구하면서 배운 것은, 사람들은 종교라는 공간 밖에서 삶의 의미와 연결하는 행위를 정착시키고 풍부하게 하려면 도움이 필요하다는 것이다. 그리고 용감하게 주위를 둘러본다면, 현대 사회에 적응할 수 있는 놀라운 통찰력과 창의력을 과거의 전통에서 발견할 수 있다.

고립과 단절에서 벗어나기

공동체 행동에 나타난 이런 변화는 매우 중요하다. 외로움이 고독사로 이어지는 고립의 위기 속에서 진정한 관계를 맺는 건 사치가 아니다. 생명을 구하는 것이다. 사회적으로 고립된 이들의 비율이 계속 치솟고 있다. 점점 더 많은 이들이 외로워지고, 본인들이 갈망하는 방식대로 다른 이들과 연결을 맺지 못하고 있다. 2006년에 〈미국 사회학 리뷰〉에 실린 한 논문에 따르면, 미국인들이 중요한 문제를 얘기할 수 있는 평균적인 사람 수가 1985년에는 2.94명이었는데 2004년에는 2.08명으로 감소했다고 한다. 기본적으로 가장 필요한 순간에 나를 돌봐줄 누군가를 잃은 것이다. 그 숫자에는 가족, 배우자, 친구까지 포함되기 때문에 결국 사회 구조가 무너지고 있는 셈이다.

앤지와 나는 전국을 순회하는 동안 중독과 폭력, 당뇨병 같은 만성 질환, 불안감이나 우울증 같은 정신질환으로 고생하는 이들을 수없이 만났다. 어떤 문제를 겪든, 사회적 고립은 그 문제를 더 악화시켰다. 하지만 사람들을 만나면서 외로움에 대한 이야기는 별로 듣지 못했다. 그것은 그러한 개인적인 이야기를 꺼내려면 시간이 걸리기 때문이다. 사람들은 만나자마자 "안녕하세요, 저는 존 큐입니다. 저는 외롭습니다"라고 말하지 않는다. 그들이 처음에 와서 주로 하는 말은, "나는 이런 병을 앓고 있고, 우리 가족은 이런 문제로 고생하고 있다"는 것이다. 그리고 거기서 좀 더 파고들어야 외로움에 대한 얘기가 나온다. 단절은 인생의 달콤한 것들을 상하게 하고, 모든 어려움을 견디기 힘들게 만든다.

현대인들은 공동체의 보살핌이 절실히 필요하다. 공동체의 보살핌이 없으면 사회적 고립으로 인해 다양한 문제가 발생한다.

일자리를 찾기 어려워지고, 건강한 습관을 잃어버리게 되며, 폭염이나 초강력 태풍을 겪을 때 이웃들에게 잊혀져서 죽을 가능성이 높아진다.

아이러니한 일이지만, 다른 사람과 멀리 떨어져 있다고 느낄 때 우리 뇌는 연결을 촉진하는 게 아니라 자기 보호를 위해 노력하도록 진화했다. 취약성과 공감 전문가인 브레네 브라운 박사는 《진정한 나로 살아갈 용기》라는 책에서 이렇게 설명한다. "우리는 고립되고, 단절되고, 외롭다고 느낄 때면 스스로를 보호하려고 한다. 이런 상태에 처하면 타인과의 연결을 원하지만, 인간의 뇌는 자기 보호를 위해 연결 욕구를 무시하려고 한다. 결국 공감 능력이 떨어지고, 자꾸 방어적인 태도를 취하며, 멍해지고, 수면 시간도 줄어든다. 통제되지 않은 외로움은 타인에게 도움을 청하는 것을 두려워하게 만들어 외로움을 지속시킨다." 나는 이것을 '파멸의 소용돌이'라고 부른다. 여기에 휘말리면 한 가지 사건이 다른 사건으로 이어져서 빠져나갈 수 없다고 느껴진다.

파멸의 소용돌이에 빠지면 우리 뇌는 사회적 연결 상실에 대응하려고 필사적으로 노력하지만, 이것을 혼자 해결하기는 힘들다. 그러나 이런 끔찍한 경고에도 불구하고 희망은 있다. 그 해결책은 아주 오래되었고 주변의 모든 곳에 존재한다. 우리의 건강과 즐거움을 위해, 세상이나 타인과 맺고 있는 기존의 관계를 더 깊게 맺는 것이다. 그러면 시들해진 관계가 다시 발전할 수 있다.

내가 하고 싶은 말은 오래된 의식을 밑거름 삼아 현실 세계의 욕구를 충족시키면 다시 더 깊은 관계를 발전시킬 수 있고 의미와 깊이에 대한 갈망도 표현할 수 있다는 것이다.

충만한 삶을 위한 연결, 4단계

당신도 나처럼 종교적 배경 없이 자랐을지도 모른다. 아니면 자신과 전혀 어울리지 않는 정체성을 안고 태어났을지도 모른다. 무신론자나 불가지론자일 수도 있고, 전통의 가장자리에 있거나, 영적이지만 종교적이지 않은 사람일 수도 있다. 또는 자신의 영적 가정에 만족하지 못하거나 그냥 확신이 없을 수도 있다. 자신을 설명하기 위해 어떤 언어를 사용하든, 영적인 삶을 대충 짜 맞추면서 무언가 진실하고 더 의미 있고 깊은 것을 갈망하고 있을 것이다.

일상적인 습관을 자기 인생의 신성한 토대를 만드는 관행으로 바꾸는 방법을 보여주는 것이 이 책의 목적이다. 오늘날의 문화에 맞게 재구성된 과거의 도구들을 알려주고, 앞으로 나아갈 길을 제시하는 다른 이들에 대한 이야기도 들려줄 것이다.

깊은 관계는 타인과의 관계에만 국한된 것이 아니다. 살아있음의 충만함을 느끼는 것이다. 나의 내면과 주변에 존재하는 여러 개의 소속 층에 둘러싸여 있는 것이다. 이 책은 당신의 연결 리추얼을 4단계에 걸쳐 심화시키기 위한 초대장이다.

- 자신과의 연결
- 주변 사람들과의 연결
- 자연과의 연결
- 초월자와의 연결

각각의 연결 층은 다른 층을 강화한다. 그래서 자기가 이 네 개 층을 가로질러 깊이 연결되어 있다고 느끼면, 마치 일상이 풍부한 의미의 격자 구조 안에 있는 것처럼 느껴진다. 그로 인해 우리는 더 친절하고 관대해질 수 있으며 치유되고 성장한다.

이 각각의 층은 세상의 많은 지혜와 전통에서 나온 통찰력에 뿌리를 두고 있다. 수천 년 동안 이런 전통이 공동체를 유지시켜왔고, 사람들이 상실을 슬퍼하고 기쁨을 축하하도록 도왔다. 세계의 위대한 신화는 혼돈과 재앙을 도덕적인 관점에서 이해하도록 도와줬다. 전통에 참여하는 것이 약간 긴장되긴 하겠지만, 거기에는 배울 게 많다.

물론 이런 과거의 전통이 확립된 이후로 바뀐 것들도 몇 가지 있다. 이제 우리는 태양이 어떻게 뜨고 지는지, 홍수가 어디에서 발생하는지, 지하에는 뭐가 있는지 설명하기 위한 신화가 필요하지 않다. 대신 새로운 질문이 있다. 하루 24시간 스트레스를 받는 세상에서 어떻게 진정한 휴식을 찾을 수 있을까? 항상 더 많은 것을 요구하는 경제계에서 '충분함'이 무언지 어떻게 기억할 수 있을까? 불의에 맞서기 위한 용기를 어떻게 길러야 할까? 이 책에서 다루고 있는 내용이 바로 이러한 질문에 대한 답들이다.

1장에서는 진정한 자아와 연결되도록 도와주는 두 가지 일상적인 습관인 신성한 독서와 안식일에 대해 살펴볼 예정이다. 2장에서는 다른 사람들과 깊이 연결되도록 돕는 두 가지 신성한 도구로 함께 먹고 운동하는 걸 제안한다. 3장은 순례와 전례 달력을 재해석해서 자연과 보다 가깝게 연결될 수 있는 방법에 대해 얘기한다. 4장은 기도를 새롭게 구성하고 지원과 책임을 위한 소그룹에 정기적으로 참여하면서 신성한 힘과 연결되면 어떨지 살펴본다. 마지막으로 5장은 우리 모두가 태어날 때부터 소속감을 원한다는 사실을 상기시킨다.

이 책에서는 내가 정신적으로 연약했을 때 시도했던 여러 가지 방법을 공유할 생각이다. 그중 일부라도 독자들의 여정에 실질적인 도움이 되기를 바란다. 또 진정한 자아를 찾고 영적인 삶을 살 때 고립감을 덜 느끼도록 도와줬으면 한다.

이 책이 정신적으로 튼튼한 삶을 살기 위한 당신만의 방식을 만들 때 의지할 수 있는 원천이 되기를 바란다.

제 1 장

나와의
연결을 위한 리추얼

THE POWER OF RITUAL

'모든 관계의 첫 단계는 본인의 자아와 진정으로 연결되는 경험이다.'

매일 수백 개의 광고 메시지를 접하고 소셜 미디어의 홍수로 인해 우리는 주의력이 고갈된 몸으로 하루하루를 살아간다. 화장실에 가거나 신호등이 바뀌길 기다리는 그 짧은 시간에도 휴대폰을 확인하지 않고는 못 배긴다. 심지어 나는 샤워를 할 때도 팟캐스트를 틀어놓는다.

애니 딜러드라는 작가는 우리가 하루를 보내는 방식이 곧 인생을 보내는 방식이라고 말한다. 하지만 이런 생활 방식을 오래 지속할 수는 없다. 우리를 불편하게 만들기 때문이다. 2016년 미국의학협회저널 〈JAMA〉에 보고된 한 연구에 따르면, 미국의 성인 여섯 명 중 한 명은 항우울제나 항불안제, 항정신병약을 복용하고 있다고 한다. 이런 결과는 개인의 건강 상태를 알려주는 데서 그치는 게 아니라, 끊임없는 활동을 강요하면서 압박감을 주는 우리 사회의 분위기에 대해서도 많은 걸 말해준다.

그렇다면 우리는 언제 자기만의 시간을 갖고 행복을 되찾을 수 있을까? 어떻게 해야 본인이 하는 일을 속속들이 정직하게 되돌아볼 공간을 마련할 수 있을까? 본 장에서는 자신의 자아와 연결하기 위한 새로운 실천 방안인 독서와 안식의 시간에 관해 얘기할 생각이다. 이 두 가지 실천 방법은 우리에게 일상의 방해로부터 나를 지키고 삶의 에너지를 불어넣어 주는 리추얼의 힘을 키워주는 데 대단히 유용한 도구이다.

현대인들은 종교를 멀리하면서 생긴 인생의 의미와 공동체에 대한 갈망을 운동이나 여러 세속적인 행위를 통해 채우고 있다. 그런데 여기서 제시하는 독서와 안식의 시간은 우리에게 기쁨과 목적의식을 찾아주는 역할을 하며 그것을 통해 진정한 자아와 연결되는 기분을 안겨줄 것이다.

중요한 것은 이런 일상적인 리추얼을 자신의 정신세계를 새롭게 정의하는 큰 변화의 일부로 받아들이는 것이다.

물론 진정한 자아라는 개념은 고려해 볼 필요가 있다. 불교 철학에서는 자아가 존재하지 않는다고 말하는 반면, 심리학에서는 인간에게는 자각해야 할 자아가 많다고 말하기 때문이다. 하지만 내가 여기서 말하는 진정한 자아와의 연결은 마음에 들지 않는 부분을 없애거나 정신적인 부분에만 집중하는 게 아니라 자신의 충만한 존재를 온전하게 통합하는 것이다. 종교가이자 교육자인 파커 팔머는 이를 우리 영혼과 역할의 재결합이라고 부른다. 이 두 가지가 분리되는 바람에 우리가 자아를 잃고 고통받게 되었기 때문이다.

나는 힘든 과정을 거쳐 이러한 교훈을 얻었다. 스물두 살에 대학을 졸업하고 런던에서 첫 직장에 다니기 시작한 지 석 달 만에 부두의 잔교에서 떨어져 두 다리와 손목이 부러지고 척추에 이중 골절상을 입었다. 병원에 오랫동안 입원하고 그 후에도 3개월간 휠체어를 타고 다니는 사이에 활동가로서의 바쁜 삶이나 젊은 직업인다운 모습은 완전히 사라져 버렸다(사고 전에는 내가 영화 〈악마는 프라다를 입는다〉에서 멋진 임원 비서로 나오는 앤 해서웨이와 비슷하다고 상상하며 좋아했었다).

그러나 사고를 당한 뒤로는 회의와 전화, 이메일을 효율적으로 처리하기는커녕, 아버지와 누나의 도움을 받아 계단을 올라가서 간신히 샤워를 끝마치는 게 하루의 중요한 일과가 되었다. 나중에 휠체어를 타고 조금 더 멀리까지 움직일 수 있게 된 뒤에는 주변의 모든 것이 걸어 다니는 사람들을 위해서만 만들어졌다는 사실을 끊임없이 깨달아야만 했다. 휠체어를 조작하는 데 익숙하지 않은 내게는 야트막한 계단이나 보도도 큰 난관이었다. 평소에는 사람들이 많이 모인 자리에서 항상 분위기를 주도했지만, 다친 후로는 다른 이들의 보살핌에 전적으로 의존해야 했다.

이런 역할 위기는 은퇴 후 지위로 인해 직장에서 누렸던 힘과 영향력이 사라졌을 때, 자녀들이 장성해서 집을 떠난 후 든든한 부모의 역할을 더 이상 할 수 없을 때, 자신의 건강이나 신체적 능력에 변화가 생겼을 때 종종 발생한다. 삶의 의미를 안겨주던 역할이 사라진 우리는 대체 누구일까?

운이 좋으면 이런 변화가 우리 자아 뒤에 숨은 내면성과 다시 연결되도록 도와주기도 한다. 작가 마릴린 로빈슨은 이렇게 말했다. "최고의 영혼은 우리 자신보다 더 우리를 닮았고, 다정하고 애정을 듬뿍 받는 동반자이며, 독특한 방식으로 우리에게 충성한다. 우리는 영혼의 갈망과 생각을 평범한 의식보다 더 진실하고 중요하다고 느낀다." 완전한 충성이라는 개념에는 진정한 자아에 내재된 선함과 가장 깊은 자아 안에 사는 연민과 우정이 담겨 있다. 하지만 이런 내면의 자아와 단절된 채 살아가다 보면 성과와 성취의 순환 고리에 빠져서, 타인의 기대에 부합하기 위해 애쓰고 있는 자신을 발견하게 된다.

이런 전통적인 지혜는 이 난장판을 벗어날 길이 있다는 것과 자기 인식을 실천해 본인의 영혼과 다정하고 적극적인 친구가 될 수도 있다는 걸 가르쳐준다.

사고를 당한 뒤 회복에 힘쓰던 몇 달 동안, 어머니는 수요일 아침마다 당신 친구를 집으로 초대해 나와 함께 그림을 그리도록 했다. 나는 누나들과 달리 예술적 재능이 없고 남들 앞에서 실패하는 걸 무엇보다 싫어하기 때문에 이 제안을 망설였다. '뭐든지 잘하는 모습만 보이고 싶은데 왜 굳이 그림을 그려서 망신을 당해야 한단 말인가?' 당시 침대에 누워서 길고 조용한 나날을 보내는 동안, 영국 BBC에서 방영한 〈스트릭틀리 컴 댄싱〉이라는 댄싱 서바이벌 프로그램을 계속 봤기 때문에, 그림을 가르쳐준 선생님은 댄서들이 연습하는 모습을 그려보라고 했다. 그래서 왈츠, 룸바 등을 추는 댄서들의 모습을 그려보려고 애썼다. 내 붓놀림은 느린 회복에 대한 좌절감을 나타내기도 했고, 다시 걷고 춤출 수 있다는 희망을 드러내기도 했다. 당시에는 의식하지 못했지만 그림 그리기는 어느새 나의 안식처가 되었다. 부상자와 병자가 위안을 얻는 성스러운 공간처럼, 붓을 드는 순간부터 우리 집 식탁은 치유의 공간이 되어 사고가 남긴 무거운 감정의 혼란을 처리하고 풀어낼 수 있게 되었다. 때로는 낮은 곳에 가라앉아 있는 의식을 끌어올리기 위해 강제로 플러그를 뽑고 자신을 일시적으로 격리할 필요도 있다.

일본의 선종 스승인 사와키 고도는 명상 수련을 가리켜 "자신을 자각하는 자아"라고 표현했다. 이는 우리가 지금과 같은 모습이 되기 위해서는 경험과 생각, 정체성을 통합할 시간과 관심이 필요하다는 얘기다.

이때 나는 그림 그리기처럼 세속적인 활동도 자아와 연결되는 강력하고 영적인 방법이 될 수 있다는 걸 깨달았다. 그리고 다른 작고 사소해 보이는 리추얼이나 습관도 똑같은 영향을 발휘할 수 있다는 걸 알았다. 부상에서 완전히 회복되어 하버드대학교 신학부에 다니면서 《우리는 어떻게 모이는가How We Gather》를 쓰기 위해 인터뷰한 사람들 중에도 진정한 자아를 찾기 위해 달리기나 명상 등을 리추얼로 실천하는 이들이 많았다. 하지만 조사한 이들이 많이 하는 일 가운데 가장 접근하기 쉽고 가장 영향력 있는 두 가지는 바로 독서와 안식의 시간이었다.

신성한 텍스트로서의 《해리 포터》

"프리빗가 4번지에 사는 더즐리 부부는 '우리는 완벽하게 평범한 사람들이에요. 고마워요'라고 말할 수 있다는 게 자랑스러웠다."

J. K. 롤링의 《해리 포터》 시리즈 1권은 이렇게 시작된다. 수많은 독자들이 줄줄 외울 만큼 유명한 이 문장은, 약간의 유머를 곁들여 장면을 설정하면서 뭔가 아주 비정상적인 일이 일어나려고 한다는 걸 암시한다.

난 십 대 시절에 《해리 포터》 시리즈를 열심히 읽었다. 열세 살 때 파리에서 온 교환 학생에게 프랑스어로 된 《해리 포터》 박스 세트를 선물 받고 처음 접하게 되었다. 몇 페이지를 읽어보고는 영어로 읽는 편이 낫겠다는 걸 깨닫고 도서관으로 향했다. 그리고 이내 사랑에 빠졌다.

아마 당신도 아끼는 책을 통해 비슷한 경험을 한 적이 있을 것이다. 책 속의 세상으로 빠져드는 느낌, 머릿속에서 만들어낸 것뿐인 등장인물과 풍경이 친밀하게 느껴지는 기분 말이다. 또 책이 끝나버리는 게 싫어서 남은 페이지가 줄어들수록 읽는 속도가 점점 느려지는 기분 역시 알 것이다. 그리고 마지막 단락을 읽을 때면, 단순히 지금까지 읽은 이야기에 작별 인사를 하는 것 이상의 상실감과 그리움이 밀려온다. 마치 자신의 일부에게 작별 인사를 하는 것 같은 기분이다.

이러한 느낌은 중요한 걸 말해준다. 독서는 단순히 세상에서 탈출하기 위한 것이 아니라 우리에게 더 깊이 있는 삶을 살 수 있도록 도와준다. 또한 우리는 좋아하는 책을 통해 어떻게 살아야 하는가에 대한 교훈과 영감을 얻을 수도 있다.

사람들이 책을 단순히 텍스트가 아닌 그 이상으로 여기는 이유는, 그 안에 담긴 이야기가 우주의 신비를 설명해주기 때문이 아니다. 타인에 대해 좀 더 친절하고 연민을 느낄 줄 아는 사람이 되도록 도와주며, 호기심 많고 공감할 줄 아는 사람이 되게 해주기 때문이다. 그리고 우리가 매일 하는 행동 뒤에 숨어 있는 동기를 성찰할 수 있는 거울을 제공한다. 이건 독서를 일상의 의식으로 삼았을 때 생기는 리추얼의 힘이다. 독서는 우리가 누구인지 깨닫거나, 되고자 하는 사람이 될 수 있도록 도와준다.

나에게는 《해리 포터》가 신성한 텍스트로서 특별한 위치를 차지하고 있지만(이 얘기는 잠시 뒤에 자세히 하겠다), 책의 장르는 상관이 없다. 다른 문학 작품이나 시, 심지어 논픽션을 선택해도 괜찮다. 우리가 이 장에서 살펴볼 것은 신성한 텍스트를 읽는 방법론에 관한 것이다. 이 방법은 당신에게 수없이 많은 새로운 관점과 자신에 대한 통찰력, 그리고 인생의 중요한 질문을 돌아볼 기회를 제공할 것이다. 독서는 의식을 심화시키고 수천 년 동안 인간을 위한 연결 고리를 발전시켰다.

영적인 독서 기술

신성한 텍스트라고 하면 보통 성경이나 불경, 코란 등을 떠올린다. 이런 텍스트에는 이야기와 시, 율법이 가득하다. 몇몇 이야기는 현대인들도 공감할 수 있지만 전통적인 종교 문학에는 의심스러운 구석이 많다. 그들의 교리를 읽다 보면 내가 하찮은 존재가 된 듯한 기분이 든다. 또 종종 사람들을 비방하기 위한 목적으로 사용되기도 한다.

성 바울은 여자들에게 교회에서 침묵을 지키라고 했다. 히브리 성서는 노예 제도를 용납한다. 코란은 동성연애를 처벌하라고 한다. 하지만 이건 극히 일부일 뿐이다. 경전에 내재되어 있는 온갖 문제에도 불구하고 사람들은 그걸 계속해서 읽고 연구한다. 그걸 읽고 또 읽으면 신앙심이 깊어지고 더 정의롭고 애정 어린 사람이 될 수 있다고 믿기 때문이다. 그리고 수천 년에 걸쳐 수많은 세대가 참여한 텍스트인 만큼 주목할 만한 가치가 있고, 수 세기 동안 이어진 텍스트와 인간 사이의 지속적인 대화 흐름에 참여할 수 있다는 이유도 있다.

작가이자 교육가인 파커 파머는 자신의 저서 《가르침과 배움의 영성》에서, 사람들이 여러 세대에 걸쳐 지혜를 구하고 얻은 영적 전통과 관련해 여러 가지 문제가 많은데도 불구하고 계속해서 신성한 텍스트로 돌아가는 이유를 다음과 같이 설명한다.

"이 텍스트는 지금보다 더 깊은 영적 통찰의 시대로 돌아가서 자신이 속한 문화권이 잘 모르는 진리를 깨닫게 한다. 또한 비록 오래전에 죽었지만 영적으로 깊은 깨달음을 얻었던 이들과의 영적 대화를 가능하게 해준다. 이런 연구 덕분에 내 마음과 정신을 새롭게 할 수 있다."

이 통찰에서 마음에 드는 부분은 전통적인 신성한 텍스트가 우리가 누구이고 무엇이 중요한지에 대한 현대의 가정에 반대하는 보루가 될 수 있다는 것이다. 누군가가 동성애에 반대하는 성경의 가르침을 인용하는 걸 들을 때마다 마음이 아프다. 이는 부정할 수 없는 사실이다. 하지만 그건 또한 옳고 그름에 대한 우리의 생각이 바뀔 수 있다는 사실을 상기시켜 주기도 한다. 언젠가는 우리가 수입이나 사회적 지위를 통해 서로를 판단하지 않게 될 수도 있다. 그리고 성경에 나오는 편안한 환대에 관한 이야기를 들으면 역사가 일방적인 진보와는 거리가 멀다는 것도 알게 된다. 파머는 우리의 기준점을 확대하고 지금 자신이 속해있는 문화권을 성찰하도록 하는 대화 파트너인 신성한 텍스트의 가치를 가르쳐준다.

하지만 종교적인 틀에 맞지 않는 사람은 어떻게 해야 할까? 혹은 경전의 텍스트 중 어디서부터 시작해야 할지 잘 모르거나, 그런 책은 믿고 싶지 않은 사람은 어떻게 해야 할까? 당신이 그런 부류에 속한다면 나처럼 본인이 신성하게 여기는 텍스트를 직접 고르기 바란다. 예전부터 좋아했고 이미 몇 번이나 의지했던 텍스트라면 무엇이든 상관없다. 우리는 모두 이러한 신성한 텍스트를 읽는 습관을 통해 내 삶에 도움을 받을 수 있다.

독서는 인생 여정을 함께 할 동반자를 찾고 우리보다 먼저 살다 간 이들의 지혜를 활용하는 것이다. 텍스트를 작성한 조상들은 지혜의 씨앗을 뿌려 놓았다. 그로 인해 우리가 그 씨앗에서 피어난 꽃들을 즐길 수 있게 되었다. 그리고 오늘 나만의 방식으로 그 신성한 관행에 참여하면, 미래에 다른 이들을 위해 새로운 씨앗을 심게 될지도 모른다.

신성한 텍스트라 정의할 수 있는 기준은 무엇일까? 과거에는 관례상 무엇이 중요하고 중요하지 않은지를 판단하는 건 종교 지도자들의 몫이었다. 일부 근본주의자들이 자기가 신봉하는 텍스트에는 절대 오류가 없다고 믿는 것도 그런 이유 때문이다. 그들은 절대적 진리를 주장하면서 공룡이 존재했다는 모든 증거는 저주를 받을 거라고 말한다. 많은 기독교인들은 예수의 삶은 곧 하느님의 말씀이 형상화된 것이라고 여기며, 그의 말뿐만 아니라 행동도 신성한 텍스트를 나타내는 것이라고 생각한다. 내 경험상 많은 종교인들은 신성한 텍스트란 어떤 식으로든 신적인 영감을 받은 것이라고 이해하고 있다. 페이지에 적힌 내용이 신이 직접 쓴 건 아닐지라도 어떤 식으로든 신과 교신하거나 고양된 의식 상태에서 쓴 것이라는 얘기다.

하지만 나는 이런 생각을 대담하게 반박하려고 한다. 위에서 얘기한 조건은 신성한 텍스트를 만드는 기준이 아니다. 저자나 영감이 중요한 게 아니라는 뜻이다. 내 멘토인 하버드 신학교 스테파니 폴셀 교수의 말에 따르면, 신성한 텍스트는 공동체 전체가 신성하다고 동의하는 텍스트다. 아주 간단하다. 많은 이들이 매년 똑같은 텍스트를 다시 읽으면서 질문을 던지고 이해하려 애쓰면서 그 안에서 기쁨을 찾는다면, 그게 바로 신성한 텍스트다. 그리고 이건 다른 텍스트나 음악, 사회 운동, 영화, 이야기 등과 융합하여 새로운 걸 생성해낸다. 이렇게 신성한 텍스트의 정의를 알면 영혼에 호소하는 모든 텍스트에 영적인 의미를 불어넣을 수 있다. 이것이 중요한 이유는 우리 삶에 있어 의미 있는 것들에 대해 생각하는 방식을 재구성할 수 있도록 도와주기 때문이다.

'신성하다sacred'라는 말은 라틴어 '축성하다sacrare'에서 유래되었다. '축성祝聖'이란 무언가를 신성한 존재로 만들거나 신성하다고 선언하는 것이다. 따라서 신성함이란 행동에 깃들어 있고, 인간에게는 '신성한' 일이 일어나도록 하는 엄청난 힘을 가지고 있다는 얘기다.

세상에는 종교적인 것으로 간주되는 것도 있고 세속적인 것으로 간주되는 것도 있다. 나는 내 삶에서 경험한 가장 다정하고 친밀하고 어쩌면 거룩하기까지 한순간 중 일부(조카를 처음 품에 안았을 때, 열한 살의 어느 날 숲을 거닐 때, 큰 수술을 마치고 깨어났을 때 등)는 종교와 무관하다는 걸 알고 있다. 우리는 지금껏 살면서 경험을 통해, 종교와 무관한 가장 '세속적인' 순간에 삶에 대한 깊은 의미를 깨닫는 경우가 많다(아이러니하게도 종교에서도 똑같은 걸 가르쳐주는데, 그 얘기는 나중에 다시 하도록 하자).

하지만 어떤 대상을 신성하다고 주장할 수 있는 우리의 능력을 찬양한다고 해서 우리가 좋아하는 모든 책이 지금 당장 신성한 텍스트가 되는 건 아니다. 신성한 텍스트로 인정받기 위해서는 더 많은 것이 필요하다.

신성한 텍스트 만들기

나는 하버드 신학교에서 바네사 졸탄을 처음 만났다. 나처럼 그녀도 신학교에 매우 어울리지 않는 인물이었다. 그녀는 유대인

가정에서 태어났지만 지독한 무신론자로 자랐다. 그녀는 신이 아우슈비츠에서 죽었다고 생각했다. 조부모 네 명이 모두 홀로코스트 생존자였다고 하니, 어떤 상황인지 이해가 갈 것이다.

나는 바네사에게 강한 흥미를 느꼈다. 우리가 처음 만나고 며칠 뒤에 맞은 내 생일에 그녀는 '새 친구, 생일 축하해.'라는 제목의 이메일을 보냈다. 그 후로 우리는 함께 커피를 마시러 다니기 시작했는데, 어느 날 바네사가 자기가 운영하는 모임에 나를 초대했다. 화요일 밤마다 모여서 《제인 에어》를 신성한 텍스트로 읽는 모임이라고 했다. 그게 무슨 말인지 전혀 이해하지 못했지만, 내 본능을 믿고 참여하기로 했다. 도서관에 가서 샬롯 브론테가 쓴 그 고전을 찾아서 미리 정해진 챕터를 읽은 뒤, 뉴잉글랜드의 가을 저녁에 바네사를 만나러 갔다.

그날 저녁에 경험한 일은 당황스러우면서도 고무적이었다. 다른 여성 네 명과 함께 자리를 잡은 우리는 한 시간 반 동안 읽고 온 챕터에 관한 얘기를 나누었다. 하지만 일반적인 북클럽 모임처럼 줄거리에 대해 어떻게 생각하는지, 혹은 앞장에서 로체스터 씨가 이런저런 말을 했을 때 왜 그런 일이 벌어졌는지에 대한 얘기를 한 것이 아니었다. 우리는 '고통에 대해 무얼 배울 수 있는가?', '어떻게 하면 정신 질환을 잘 이해할 수 있을까?', '이 책이 우리 삶에 요구하는 건 무엇인가?'와 같은 질문을 던졌다. 그런 문제가 계속 떠올라서 생각하는 걸 멈출 수가 없었다.

겨울방학이 다가오고 있었다. 보스턴의 겨울은 춥고 어둡고 약간 우울해서 크리스마스 이후에 찾아오는 우울증을 이기는 데 도움이 될 만한 일을 찾고 싶었다. 대단한 모험을 하는 듯한 기분을 느끼게 해주면서 동시에 소파에서 간식을 먹으며 할 수 있는 그런 일. 그 무렵 바네사와 나는 서사시적인 여정과 탐색에 대한 수업을 들었는데, 그녀의 독서 그룹 덕분에 좋은 아이디어가 떠올랐다. 어쩌면 영화를 이용해 우리만의 의미 있는 여정을 만들 수 있을지도 모르겠다는 아이디어였다. 그렇다면 마법 같은 〈해리 포터〉 영화보다 더 좋은 게 어디 있겠는가?

그래서 바네사와 나는 1월 첫째 주에 매일 친구들을 모아 〈해리 포터〉를 다시 보면서, 그 영화를 하나의 거대한 영웅담처럼 바라보려고 했다. 그러다가 또 다른 아이디어가 떠올랐다. 《제인 에어》 모임처럼 《해리 포터》를 신성한 텍스트로 읽으면서 얘기를 나눠보면 어떨까?

그래서 이 생각도 실행에 옮겼다. 책을 한 챕터씩 읽으면서 그게 살아가는 방식에 대해 뭘 가르쳐줄 수 있는지 묻기로 했다. 우리는 고대부터 전해져 내려오는 플로릴레지아Florilegia(성직자가 설교를 준비하면서 기독교 및 고전 문헌을 발췌하여 모아 둔 것•옮긴이)와 같은 방법을 이용해 줄거리를 깊이 파고 들어가서 마법 세계의 예상치 못한 지혜를 찾아냈다. 나는 여동생에게 포스터 디자인을 부탁했고, 바네사는 자기가 다니는 회사에 부탁해서 회의실을 빌렸다. 친구들에게 이메일로 초대장을 보냈지만 누가 올지는 알 수 없었다. 첫날 밤, 우리는 의자 20개를 내놓으면서 호기심 많은 방문객들이 와주기를 바랐다. 그런데 자그마치 67명이나 와주었다. 너무나 감격스러운 일이었다.

모임이 자리를 잡고 열성 회원들이 생기면서 서로 친구를 사귀고, 병원에 문병하고, 사랑에 빠지기도 하는 모습을 보며 다른 사람들도 우리 모험에 동참하고 싶지 않을까 하는 생각을 하게 되었다. 그래서 내가 결혼한 해인 2016년 5월에 〈해리 포터와 신성한 텍스트〉라는 팟캐스트를 시작했다. 학교 행정팀 직원들에게 과자와 초콜릿 등을 가져다주면서 부탁한 덕분에 학교에 있는 녹음실을 빌려 마이크 앞에 앉을 수 있었다. 나와 바네사 둘다 방송 경험이 없었지만, 신학교 동료인 아리아나 네델만의 제작 기술 덕분에 그럭저럭 설득력 있는 목소리로 방송을 진행할 수 있었다. 꽤 능숙해진 요즘에도 스튜디오에서 말한 내용의 3분의 1은 편집 과정에서 삭제된다.

프로그램 구성은 단순하다. 매주 대화를 나누기 위해 준비한 주제에 맞는 장章을 골라서 읽는 것이다. 예를 들어, 첫날에는 헌신을 주제로 정해《해리 포터-마법사의 돌》1장 '살아남은 아이'를 읽으면서 시리즈를 시작했다. 우리가 다룬 다른 주제 중에는 '용서', '트라우마', '기쁨', '사랑' 등도 있다. 매회 주제와 관련된 자신의 경험을 이야기하고, 청취자들을 위해 그 장에서 일어나는 일들을 간략하게 요약한 다음 텍스트를 더 깊이 파헤치는데, 여기서 실제로 마법 같은 일이 벌어진다.

우리의 놀라운 청취자들 덕분에 현재 〈해리 포터와 신성한 텍스트〉는 2,200만 회 이상의 다운로드를 기록했고 7만 명의 정규 청취자를 보유하고 있으며 상도 받았다. 우리는 해마다 투어를 다니면서 영적인 독서 실천이 자신에게 얼마나 의미 있는 일인지 얘기하는 수천 명의 청취자를 만난다.

사람들은 심한 불안감이나 외로움을 느낄 때 마음을 달래려고 책과 팟캐스트에 의지한다. 독서는 사랑하는 사람과 사별하거나 고통스러운 이별을 겪은 이들이 그 고통에 대처할 수 있게 도와준다. 교사들은 이 실천 방안을 교실 상황에 맞게 적용해서 학생들이 교과서에 실린 글의 의미를 더 깊게 이해할 수 있도록 한다. 우리는 이 방법이 사람들에게 가장 중요한 것과 연결되도록 도와준다는 걸 거듭 깨달았다.

우리 팟캐스트가 성공한 건 어쩌면 놀라운 일이 아닐 수도 있다. 세상에는 《해리 포터》 시리즈를 자기 나름의 방식으로 신성시하는 독자들이 수백만 명이나 있기 때문이다. 치료사와 상담사의 보고에 따르면, 젊은이들은 '호그와트 마법학교'를 투쟁과 고통의 시기에 갈 수 있는 심리적으로 안전한 장소로 여긴다고 한다. 그리고 그곳은 단순히 세상에서 벗어날 수 있는 피난처가 아니다. 2005년에 설립된 '해리 포터 연합'은 동성 결혼이나 공정

거래 초콜릿, 기타 여러 가지 진보적인 사안에 영향을 미치기 위해 같은 생각을 가진 사람들을 수천 명씩 동원했고, 책에 나온 이야기와 리추얼을 이용해 성공적인 캠페인을 조직하고 동기를 부여했다. 사회 정의 운동을 펼칠 때 〈출애굽기〉 같은 성경 이야기를 재해석하고 〈시편〉을 인용한 것처럼, 해리 포터 연합 역시 마법 세계의 등장인물과 줄거리를 이용해 독자들이 행동에 나설 수 있는 동기를 부여했다.

나를 깨닫기 위한 독서

이런 렌즈를 통해 《해리 포터》를 읽은 나나 팟캐스트 〈해리 포터와 신성한 텍스트〉를 들은 수많은 청취자들은 새로운 변화를 겪었다. 자신의 온전한 자아와 다시 연결될 수 있었기 때문이다. 독서는 자신을 책 속의 등장인물에 비추어 바라보거나, 과거의 향수를 느끼도록 하거나, 자신의 세계관에 이의를 제기하게 만들며, 사람들과 공감대를 형성하는 데 도움을 준다.

토론토대학의 인지심리학자인 키스 오틀리는 다른 사람에 대한 글을 읽으면 타인을 이해하고 협력하는 능력이 향상되고, 궁극적으로 자신을 이해하는 능력도 발달한다는 연구 결과를 발표해 화제가 되었다.

독서를 통한 자기 발견은 새로운 걸 알게 해주고 자유로운 기분을 안겨준다. 하지만 항상 즐겁지만은 않다. 자기 내면을 들여다보는 일은 때로 고통스럽기도 하다. 비슷한 경험을 한 사람에 대한 글을 읽으면서 트라우마나 고통을 느낄 수도 있고, 해결하지 못한 일을 어떻게든 처리해야만 할 수도 있다. 바네사와 나는 우리 방송에서 진행한 '꼼꼼하게 읽기'를 듣고 성폭행 같은 해결되지 않은 정신적 충격이 다시 되살아났다고 털어놓는 청취자들의 이메일을 받는 데 익숙해져 있다.

《해리 포터》의 첫 부분을 보면 끔찍한 살인 사건으로 인해 해리의 부모님은 사망하고, 아기였던 해리 혼자만 간신히 살아남았다는 사실을 알게 된다. 우리의 팟캐스트에서 언급했던 이 부분의 영적 독서에 특히 마음이 흔들렸던 한 청취자는 자신의 삶을 결정지은 충격적인 순간에 대한 얘기를 들려줬다. 그녀가 아기일 때 아버지가 라틴 아메리카에서 테러리스트의 공격을 받아 사망했다는 것이다. 그녀는 이렇게 썼다.

악한 행동과 낯선 사람의 증오가 자신에게 어떤 영향을 미쳤는지 아는 상태에서 자란다는 건 이상한 일입니다. 만나본 적 없는 사람을 그리워하면서 자란다는 것도 이상하고요. 릴리(해리의 엄마)와 제임스(해리의 아빠)에 대한 해리의 변함없는 사랑을 보면서, 만난 적 없는 아버지를 그리워해도 괜찮다고 안심하게 되었습니다. 그 일이 일어난 순간에는 그런 일이 벌어진 걸 알지도 못했지만, 지금이라도 아버지가 돌아가신 걸 슬퍼해도 괜찮다고요. 벌써 22년 전의 일이고 아버지를 만난 적도 없지만, 여전히 그 일에 고통받으면서 외상 후 스트레스 장애를 겪고 있습니다.

우리가 겪은 상실의 성격이 비슷한 탓에 나는 해리와 묘한 접점이 있는 듯한 기분이 듭니다. 그리고 그 관계를 진지하게 받아들이라는 당신의 말이 제게 큰 치유와 위로가 되었습니다. 또 해리의 슬픔도 전과는 완전히 다른 시각으로 보게 되었죠. 그가 만난 적도 없는 사람들이 그의 부모에 대해 잘 알고 또렷하게 기억하는 세상을 살아가면서 그들이 하는 말을 곧이곧대로 믿어야 한다는 건 매우 어려운 일일 겁니다. 제 아버지가 했던 말과 행동이 제 믿음과 완전히 어긋난다는 걸 알게 됐을 때, 전 제임스가 스네이프를 괴롭히는 모습을 본 해리가 떠올랐습니다. 내 아버지가 완벽한 사람이 아니었다는 걸 인정해야 했을 때, 제임스 포터도 완벽하지 않았다는 걸 알게 되어 위로가 됐습니다. 덕분에 이 이야기나 캐릭터와의 인연이 더 깊어졌고, 내가 알고 있다고 생각했던 게 전부 무너질 때도 날 지탱해 줄 정신적 지주가 있다는 사실에 정말 감사했습니다.

이 편지는 우리 가슴에 사무치는 상처가 남아 있어도 기본적으로 이겨낼 수 있다는 것을 말해주고 있다. 그리고 본인의 경험을 완전히 이해할 수 없더라도 그 경험은 유효하다는 걸 보여준다. 또 영적 독서는 주변 세계가 계속 변하는 상황에서도 견고한 기반을 찾을 수 있게 도와준다.

반대로, 청취자 중에는 영적 독서 덕분에 지금까지와 다른 사람이 되었고, 자기가 어떤 사람인지 깊이 성찰한 끝에 바꾸고 싶은 부분을 찾았다고 말하는 이들도 있다. 우리 청취자 가운데 오랫동안 해외에서 복무한 군 지휘관이 있는데, 그가 보낸 편지를 살펴보자. 그는 지니 위즐리가 해리에게 말하길, 자기는 예전에 볼드모트에 사로잡힌 적이 있는데 해리가 그 사실을 잊어버렸다는 건 그가 정말 운 좋은 사람임을 보여주는 거라고 상기시키는 장면을 언급한다.

제가 이 자리까지 올 수 있었던 건 스스로의 노력과 야망, 용기 때문이라고 생각했습니다. 그런데 곰곰이 생각해보니 사실 저는 상당히 게으르고 비겁한 사람이라는 걸 깨달았습니다. 이처럼 나 자신을 제대로 직시하기 시작하자, 안정적인 백인 중산층 가정에서 자란 출신 덕분에 내 노력과 야심, 용기보다 더 많은 걸 얻었다는 사실을 알았습니다. 대학 때 혼자 힘으로 노력해 사관후보생 지휘관이 되고 결국 F-15C 이글 전투기 조종석에 오른 제 동창은 저보다 훨씬 많은 노력을 기울였습니다. 하버드대학을 졸업한 제 비행 지휘관은 아내가 박사 학위를 따는 동안 장교로 승진했고 어린 자녀도 둘이나 돌봤습니다. 자기 미래를 바꾸기 위해 컴퓨터 프로그래밍을 배우고 공군에 입대한 테네시주 오지 마을 출신의 젊은 이등병도 저보다 훨씬 많이 노력했습니다. 그동안 제가 눈이 멀었었다는 걸 깨닫기 시작한 겁니다. 그때 이 방송에서 들은 이야기가 떠올랐습니다.

"해리 오빠는 정말 운이 좋아"라는 구절을 들었을 때, 당신에게 편지를 보내야겠다고 결심했습니다. 몇 년 전에 이 책을 읽었을 때는 거의 주목하지 않은 채로 넘어간 부분이었고, 바네사가 얘기한 넓은 의미는 아예 생각도 못 했습니다. 저는 피부색은 신경 쓰지 않는다고 여러 번 말했고, 그건 진심이었습니다. 하지만 저와 매우 가까운 사람이 계속 지적하길, 억압받거나 혜택받지 못한 집단에 속한 누군가가 지금의 자리에 오기까지 거친 과정을 고려하지 않는다면 그건 그들의 본모습을 전혀 보지 못한 것이나 마찬가지라고 말하더군요.

전 40년 동안 제가 자수성가한 사람이라고 생각했고, 제가 가진 것들을 누릴 자격이 어느 누구보다 많으며, 제 기준에서 볼 때 성공하지 못한 사람은 본인의 단점 때문에 실패한 거라고 여겼습니다. 하지만 제가 틀렸습니다. 제 특권 때문에 다른 사람에 대해 생각할 필요가 없었던 것뿐이죠. 전 정말 운 좋은 사람입니다.

독서는 더 큰 자각을 향해 나아가는 길이다. 또 용기와 헌신을 향한 길이기도 하다. 자신의 실수를 알아차리도록 도와주고, 더 나은 미래를 살아갈 방법도 찾아준다.

방송 초기에 읽었던 내용 가운데 우리 청취자들 사이에서 특히 활발한 대화가 오간 부분은, 모든 독자가 보편적으로 싫어하는 피튜니아 더즐리 부인(해리의 이모)에 관한 내용이었다. 바네사와 나는 1부 1장을 다시 읽으면서, 육아와 관련해 주위의 도움을 전혀 받지 못했던 젊은 여성이 갑자기 여동생(릴리)이 죽으면서 돌봐야 하는 두 번째 아기가 생긴 모습을 보았다. 아무 설명도 듣지 못한 채로 늘 부러움과 두려움을 느끼던 마법 세계와 접하게 된 그녀는 위험을 초래할 수도 있는 이 사회 앞에서 본인의 나약함을 절감했다. 물론 피튜니아는 해리를 학대했다. 해리 인생의 토대가 되는 시기에 그를 무시했다. 하지만 마음을 활짝 연 상태에서 영적 독서를 하다 보면, 선과 악의 인과관계가 언제나 생각보다 복잡하다는 걸 알게 된다.

영적 독서는 등장인물을 이해하는 새로운 렌즈를 제공해줄 뿐만 아니라, 한편으로는 스스로 인과관계로 엮인 실제와 허구의 이야기를 양극화해서 지나치게 단순화된 선과 악의 이분법을 만들고 있었다는 걸 깨닫게 해준다. 나는 오랫동안 더즐리 부인을 평가해 왔지만, 그 평가 뒤에는 분석해봐야 할 것들이 많다. 독서는 이렇듯 자기 내면을 들여다볼 수 있게 해주므로 자신과 연결되기 위한 실천인 리추얼의 일부가 될 수 있는 것이다. 독서가 항상 당신을 인기 있는 사람으로 만들어주는 건 아니다. 하지만 진실에 가까이 다가가도록 도와줄 것이다.

나와 연결되는 4단계

독서는 우리 경험의 다양한 부분을 온전한 자아와 통합시킬 수 있게 도와준다. 이 과정에서는 어떻게 읽느냐가 중요하다. 재미나 현실 도피를 위해 책을 읽는 것도 괜찮긴 하지만(때로는 필요하기도 하고), 온전한 자아와의 통합을 위해서는 그보다 더 깊이 들어갈 필요가 있다. 개별적인 종교의식도 일상적인 관행에 의미를 불어넣는 데 유용한 도구다. 문자 그대로 영적 독서를 의미하는 '렉시오 디비나lectio divina(성경을 읽고 묵상하는 수행·옮긴이)'도 그런 의식 중 하나다.

12세기에 귀고 2세가 영적 독서법을 정확하게 설명해주는 얇은 책(사실 팸플릿에 가까운)을 썼다. 그는 이 책을 《스칼라 클라우스트랄룸Scala Claustralium》이라고 불렀는데, 라틴어로 '수도승의 사다리The Ladder of Monks'라는 뜻이다. 귀고는 이 책에서 사다리를 타고 천국을 향해 올라가는 것처럼 몇 세기 동안 이어져 온 영적 독서 지침을 자세히 기술하고, 텍스트를 네 단계로 구분해서 읽는 방법을 설명한다. 그리고 그 과정을 '독서', '명상', '기도', '사색'이라고 명명했다. 바네사와 나는 〈해리 포터와 신성한 텍스트〉 팟캐스트를 진행하면서 이 네 가지 단계를 네 개의 질문으로 바꿨다.

1. 그 이야기에서는 실제로 어떤 일이 벌어지고 있는가? 우리는 이야

기의 어느 부분에 와 있는가?

2. 어떤 우화적 이미지나 이야기, 노래, 은유적 표현이 보이는가?

3. 이 글에서 당신 인생의 어떤 경험이 떠오르는가?

4. 어떤 행동을 취해야겠다는 생각이 드는가?

귀고와 동시대에 살았던 생티에리의 윌리엄은 단순히 글을 읽는 것과 이런 식으로 의미를 찾는 것의 차이를 "깊은 우정과 스쳐 가는 손님과의 친분, 유쾌한 동료애와 우연한 만남의 차이와도 같다"고 말했다. 이것이 단순한 재미를 위한 독서와 자기 이해와 지혜를 얻기 위한 독서의 차이점이다.

영적인 독서의 효과를 의심하더라도 당신을 탓하지는 않겠다. 하지만 내가 영적 독서를 통해《해리 포터》시리즈의 첫 부분을 어떻게 읽었는지 알려주고 싶다. 이걸 함께 하다 보면 독서를 통한 사색이 어떻게 정신의 표면 아래로 파고드는지 알 수 있고, 자기 발견을 위한 기회를 잡을 수도 있다. 여기 문장이 하나 있다 (이 질문을 살펴볼 때는 문장을 크게 소리 내어 말하는 게 좋다. 그러면 텍스트를 다시 읽을 때마다 새로운 느낌을 받을 수 있을 것이다).

프리빗가 4번지에 사는 더즐리 부부는 "우리는 완벽하게 평범한 사람들이에요. 고마워요"라고 말할 수 있다는 게 자랑스러웠다.

1단계 : 이 이야기에서는 실제로 어떤 일이 벌어지고 있는가? 우리는 이야기의 어느 부분을 들여다보고 있는가?

마법 세계를 처음 접하는 사람도 함께 참여할 수 있다. 우린 아직 이 첫 줄밖에 모르니까 말이다. 분명한 건, 지금 더즐리 부부란 이들을 만났는데 그들은 프리벳가 4번지에 산다고 한다. 그런데 어떻게든 평범한 사람처럼 보이고 싶어 하는 그들의 자기 만족적인 무뚝뚝한 태도 때문에 우리는 금방 그들을 경계하게 된다.

첫 번째 단계는 대부분 가장 간단하게 진행할 수 있으며, 일상적인 독서를 할 때도 벌어지는 과정이다. 무슨 일이 벌어지는지 알 수 있을까? 좋다, 이제 다음 문장으로 넘어가야 할 시간이다. 하지만 이건 성스러운 독서 여정의 시작에 불과하다. 귀고의 사다리로 치면 가장 아랫단이다. 이제 좀 더 깊이 파고 들어가 보자. 그 문장을 다시 한번 큰 소리로 읽으면서 자신에게 물어보는 것이다.

2단계 : 어떤 우화적인 이미지나 이야기, 노래, 비유가 떠오르는가?

프리빗가 4번지에 사는 더즐리 부부는 "우리는 완벽하게 평범한 사람들이에요. 고마워요"라고 말할 수 있다는 게 자랑스러웠다.

이 문장을 읽자마자 여러 가지 생각이 떠오른다. '프리빗Privet'
이라는 단어는 '프라이빗private'과 발음이 비슷하다. 그래서 사람
들의 시선을 피한다는 느낌을 준다. 프리빗은 또 울타리 대용으
로 자주 심는 쥐똥나무를 가리키는 말로, 더즐리 가족과 독자들
사이에 존재하는 또 다른 장벽을 암시한다. 하지만 프리빗은 러
시아어로 '안녕'이라는 인사를 의미하는 말이기도 하다. 그렇다
면 모스크바에서 온 손님들은 기꺼이 경계를 뛰어넘을 의향이
있지 않을까? (사다리의 두 번째 칸에서 하는 생각 중에는 말도 안
되는 것들이 많다.)

4라는 숫자도 자세히 살펴볼 가치가 있다. 네 개의 면이 있는
사각형처럼 더즐리 가족도 틀림없이 뻣뻣하고 고지식한 사람들
일 것이다. 음악을 작곡할 때 가장 많이 사용하는 박자는 4/4박
자인데, 이게 가장 일반적인 박자이기 때문이다. 신학교 졸업자
인 나는 4를 불교의 핵심적인 가르침인 '사성제四聖諦'(고苦·집集·멸
滅·도道를 말하며, 인간의 괴로움苦, 괴로움의 근원集, 괴로움의 소멸滅,
괴로움을 소멸시키는 방법道에 대한 부처의 가르침·옮긴이)와 연관
짓지 않을 수 없다. 그래서 고통의 피할 수 없는 성질이나 깨달음
을 얻으려면 애착을 버려야 한다는 사실을 상기한다. 또 요한계
시록의 네 기사(흰색, 적색, 흑색, 청색 말에 탄 네 명의 기사로 각각

질병, 전쟁, 기근, 죽음을 상징한다•옮긴이)나 4대 복음서(신약성경에서 예수의 생애를 다룬 마태복음, 마가복음, 누가복음, 요한복음•옮긴이), 사계절, 트럼프 카드의 네 세트 등도 떠오른다. 비틀즈. 크리스마스 캐럴에 나오는 지저귀는 새 네 마리. 사람들이 컴퓨터 비밀번호를 만들 때 'A' 대신 숫자 '4'를 쓰는 것 등 끝없이 많은 것들이 떠오른다. 보다시피 두 번째 단계에서 당신을 제한하는 건 상상력뿐이다.

귀고는 첫 번째 단계는 음식을 입에 집어넣는 단계이고, 두 번째 단계는 음식을 꼭꼭 씹어서 작은 조각으로 쪼개는 것이라고 말한다. 우리 마음이 열리면서 갑자기 텍스트의 경계를 훨씬 넘어서는 이미지와 단어에 사로잡힌다. 예상치 못한 점들을 연결하고 새로운 연관성의 층을 쌓는다. 하지만 이 단계에서는 여러 개의 아이디어를 뭉텅이로 즐기는 셈이므로, 다음 단계에서는 하나하나 더 깊이 살펴보면서 영적인 의미를 찾아야 한다. 세 번째 질문에서는 텍스트를 자신의 삶과 명시적으로 연결한다. 귀고의 말처럼, 다음과 같은 질문을 던지면서 우리가 선택한 구절의 풍미를 느끼기 시작하는 것이다.

3단계 : 살면서 한 여러 가지 경험 가운데 어떤 경험이 떠오르는가?

프리빗가 4번지에 사는 더즐리 부부는 "우리는 완벽하게 평범한 사람들이에요. 고마워요"라고 말할 수 있다는 게 자랑스러웠다.

이 구절을 읽으면서 가장 먼저 떠오른 생각은 더즐리 부인과 더즐리 씨가 부부라는 사실이다. 나는 결혼한 지 2년이 되었는데, 내가 아는 대부분의 커플처럼 우리도 둘이 있을 때면 서로를 약간 유치하고 비밀스러운 별명으로 부른다. 더즐리 부부에게도 이런 별명이 있을 것이다. 서로에게 불만이 있긴 하지만 그래도 그들은 한 팀이다. 이들은 자신들에게 늘 다정하지만은 않았던 세상에서 최선을 다해 어린 아들을 키우고 있다.

그리고 여기서 이 문장을 말하는 사람이 누구인지 궁금하다. 그 사람이 부부를 대표해서 말하는 걸까, 아니면 한쪽이 상대방의 동의 없이 주도권을 잡은 걸까? 과연 자신들이 평범한 정상인이라고 자부하는 사람이 더즐리 부부뿐일까? 어쩌면 그 둘 사이에는 우리가 처음에 생각했던 것보다 많은 차이가 있을 것이다. 부부가 결혼 후에 서로의 차이점을 발견한 게 이번이 처음은 아닐 것이다.

우리는 벌써 등장인물에 대해 많은 걸 파악했고, 자신에 대한 별로 매력적이지 않은 진실과 마주하고 있다. 자신의 경험을 이야기에 겹쳐서 보면 더즐리 부부의 상황을 훨씬 깊이 이해할 수 있다. 하지만 지금까지는 우리의 아이디어와 성찰을 텍스트에 적용하는 수준에 머물러 있다. 아직 사다리 끝까지 올라가는 여행을 끝내지 못한 것이다. 이제 네 번째 단계에서는 텍스트가 우리에게 말을 걸도록 해보자. 귀고는 이 단계가 하느님에게 우리기도에 응답해 달라고 요청하는 것이라고 했지만, 바네사와 나는 그냥 텍스트가 우리에게 무슨 말을 해줄지 상상하는 걸 좋아한다.

앞에서도 말했지만, 이 과정은 불편할 수도 있다. 영적인 독서가 항상 즐거운 것만은 아니다. 뭔가를 신성한 텍스트로 삼아 읽는다는 것은 곧 기꺼이 변화할 의지가 있다는 뜻이지만, 그렇다고 하더라도 그 과정에서 어려움과 고통을 겪을 수 있다. 우리 마음과 상상력, 가장 내밀한 가치관을 지키기 위한 헌신이 영적인 독서를 통해 확대되지 않는다면, 그건 영적인 독서를 제대로 하지 않은 것이다. 그럼 사다리의 마지막 단까지 올라가보자.

4단계 : 어떤 조치를 취해야 할까?

프리빗가 4번지에 사는 더즐리 부부는 "우리는 완벽하게 평범한 사람들이에요. 고마워요"라고 말할 수 있다는 게 자랑스러웠다.

때로 텍스트는 우리에게 삶을 변화시키라고 요구하기도 한다. 오래된 상처를 잊어야 할지도 모른다. 그래야 새로운 책임을 맡을 수 있기 때문이다. 해리 포터가 위즐리 가족의 집에서 어떤 대접을 받았는지 곰곰이 생각해본 한 팟캐스트 청취자는, 몇 년 동안 고민하던 입양을 결심하게 되었다고 말했다. 어떤 경우에는 간단하고 재미있는 일을 해야겠다는 생각이 들기도 한다. 예를 들어 사랑하는 사람과 멀리 떨어져 있는 상황인데, 지금 바로 사랑하는 이에게 내가 사랑하고 있다는 것을 알리기 위해 문자 메시지를 보내는 것과 같다. 텍스트 내용과 거기에서 영감을 받은 행동의 관계가 반드시 논리적일 필요는 없다. 때로는 많은 용기와 사랑, 진실성을 발휘하며 살도록 유도하는 텍스트가 유쾌하고 신비스러운 방법으로 우리 마음을 움직일 때도 있다.

이 짧은 성찰을 수년간 읽어온 다양한 텍스트에 적용하면서, 나 자신을 보다 깊이 알게 해준 많은 생각과 감정을 발견했다. 이런 통찰이 반드시 새로운 것은 아니지만, 가끔은 그런 통찰과의 접촉이 끊어지기도 한다. 이렇게 특별한 독서를 하는 동안, 나의 타고난 이기적인 태도를 계속 떠올리게 되었다. 나는 일에 완전히 몰두하는 경우가 많은데, 그러면 스스로에게 만족감을 느끼긴 하지만 가장 중요한 사람들을 생각하지 못하게 된다. 의미 있는 관계를 맺으려면 시간과 관심이 필요하다는 걸 기억하자.

물론 귀고는 영적인 독서에 대해 가르쳐주는 교사들 가운데 한 명일 뿐이다. 팟캐스트에서는 성 이그나티우스의 영적인 상상(자신을 이야기의 등장인물이라고 상상하는 연습)에 대한 가르침을 통해 영적인 독서에 잘 참여하는 방법을 배웠다. 성 이그나티우스가 주창한 영적인 상상이라는 개념은 우리가 듣고 보고 만지고 냄새 맡고 맛보는 모든 감각에 세심하게 주목하도록 이끈다. 이런 식으로 이야기에 몰입하다 보면, 페이지에 인쇄된 단어 너머를 바라보면서 등장인물이 뭘 입고 있고, 그들이 말을 하지 않을 때 뭘 하는지도 알 수 있다. 마치 친숙한 이미지가 흑백에서 총천연색으로 바뀌면서 페이지 위의 세계와 우리가 사는 세계에 새롭고 미묘한 변화가 생겨나는 것 같다. 책 속 인물에게서 공감할 수 있는 부분을 많이 찾아낼수록 우리와 인생을 공유하는 이들에게 공감할 수 있는 부분도 늘어난다.

기독교인들만 영적인 독서를 하는 건 아니다. 유대인들은 오래전부터 학생들이 두 명씩 짝을 지어 똑같은 텍스트를 분석하고 토론하는 '하브루타havruta'라는 방법을 이용해 왔는데, 이는 랍비들의 전통적인 탈무드 연구 방식이기도 하다. 하브루타 학습을 할 때는 텍스트를 읽으면서 생긴 의문을 상대방에게 물어보는 경우가 많다. 예를 들어, 《해리 포터》의 경우 왜 이야기의 전환점마다 올빼미가 등장하는 걸까?'와 같은 질문을 한다. 이 실습을 할 때는 학습 파트너에게 질문만 던지는 게 아니라 가능성 있는 답까지 함께 제시해야 한다. '올빼미는 머리를 좌우 어느 방향으로든 270도까지 돌릴 수 있다고 하는데, 변화의 순간도 그처럼 우리 삶의 모든 측면을 고려해야 하는 순간이기 때문인 것 아닐

까?', '그렇다면 텍스트 속에 등장하는 이런 새들을 어떻게 알아 차릴 수 있을까?'

이렇게 언제나 하브루타 공부를 함께 할 수 있는 파트너가 있다는 것은 항상 새롭고 흥미로운 질문의 도전을 받는다는 걸 의미한다. 또한, 두 사람이 함께 관계의 둑을 쌓아가는 동안 모든 궁금증에 대한 진실이 두 사람 사이의 어딘가에 놓이게 되고 주고받는 질문과 답변 안에 존재하게 된다는 뜻이기도 하다. 당신과 하브루타 파트너, 그리고 텍스트가 합쳐지면 중심부에 진정한 지혜의 통찰이 자리 잡고 있는 삼각형이 형성된다.

'렉시오 디비나', '성 이그나티우스의 영적인 상상', '하브루타'는 영적인 독서 이외의 다른 공통점도 있다. 모두 세속적인 공간으로 끌어들일 수 있는 잠재력이 있다는 것이다. 팟캐스트에서 이 아이디어를 소개한 후, 바네사와 나는 사람들이 이런 관행을 자기 삶에 적용시킨 방법과 관련해 많은 이야기를 들었다. 많은 교사들이 렉시오 디비나를 교실에서 활용하기 시작하면서 학생들에게 네 부분으로 구성된 숙제를 내주거나 대화를 나누도록 유도했다. 정규 교육 과정의 중요한 텍스트를 이용해 영적인 상상을 펼쳐보도록 하는 교사도 있다. 장거리 자동차 여행 중에 우리 프로그램을 듣고는 다같이 하브루타식 대화를 나누면서 시간을 보냈다는 가족의 이야기도 들었다. 가장 놀라웠던 순간은 매사추세츠주 케임브리지에 있는 우중충한 바에서 열린 첫 라이브

방송에 375명이 모여, 사방에 맥주가 넘쳐흐르는 그 장소에서 렉시오 디비나와 관련된 토막글을 집어삼킬 듯이 읽었을 때일 것이다. 이쯤 되면 귀고도 우릴 인정하지 않을 수 없을 것이다.

페이지 너머의 지혜

독서는 본질적으로 페이지에 적혀 있는 기호를 기계적으로 해독하는 것 이상의 행위다. 등장인물과 그들이 처한 상황을 해석하고, 우리 주변 세상의 의미를 명확하게 밝히기 위한 행동이다. 독서는 우리를 변화시킨다. 우리는 자기가 읽는 것을 통해 본인이 어떤 사람이 될 수 있는지 발견하고, 새로운 책을 접할 때마다 상상력이 확장된다.

물론 자신의 본질을 확실히 깨닫게 해주는 독서와 비슷한 다른 행동들도 있는데, 그건 사람마다 다르다. 장거리 스피드 스케이팅, 기도문 외우기, 줄넘기 놀이, 볼룸 댄스, 암석 수집, 개와 산책하기 등 나에게 효과가 있는 일이 다른 사람에게는 대수롭지 않아 보이거나 조롱거리가 될 수도 있다. 하지만 자신감을 갖자. 다른 사람이 뭐라고 말하건 간에 그리고 불안한 마음이 엄습하더라도, 자기 행동에 확신을 가져야 한다. 물론 그런 행동이 공허하게 느껴지는 날도 있을 것이다. 무의미하고 가치가 없다고 느낄 수도 있다. 바네사는 이런 순간에도, 명료하고 확신에 찬 태도로 이 행동이 옳은 일이라고 결정했던 이전의 자신을 믿어야 한다고 설명한다. 시험을 몇 시간 앞둔 새벽 세 시에 부정행위를 하기로 결심한 학생처럼, 우리는 곤경에 처했을 때 최악의 결정을 내릴 수 있다. 확신은 우리가 이 힘든 순간을 이겨내고 다시금 올바른 생각과 행동으로 돌아갈 수 있도록 도와줄 것이다. 상실감을 느끼거나 그 방법이 효과적이지 않다고 느낄 때에도, 행위 그 자체에 대한 믿음을 가져야 한다. 그러니 독서가 당신의 마음을 움직이고 더 깊은 자아와 연결되는 감각을 안겨주는 습관인지 살펴보자.

분명히 말하지만, 신성하게 취급할 텍스트를 찾는 작업이《해리 포터》에 국한되어서는 안 된다. 고전 문학이나 어릴 때 좋아했던 잘 알려지지 않은 작품, 아니면 시詩도 괜찮다. 당신이 두 개 언어를 할 줄 안다면, 어릴 때 쓰던 언어로 된 텍스트를 선택하는 걸 강력히 추천한다. 어린 시절에 익숙했던 단어들은 울림이 강해서 마음을 여는 데 도움이 되기 때문이다.

책에 인쇄된 텍스트가 아니어도 괜찮다. 예를 들어, 어릴 때 자주 듣던 노래 가사를 선택하거나 그림을 선택해도 된다. 네덜란드의 신학자 헨리 나우웬은 렘브란트의 그림 한 장을 통해 영적 독서를 한 경험을 바탕으로 책을 쓰기도 했다. 그는 상트페테르부르크의 에르미타주 박물관에 있는 그림 앞에 앉아 있었던 이야기를 들려준다. 그는 시간이 흐를수록 그림 속에서 새로운 의미를 찾아냈고, 캔버스에 묘사된 세 명의 등장인물 모두에게서 자신의 모습을 발견했다. 그림이 아닌 내가 선택한 텍스트를 이용해 공연을 열어 관객들에게 그 텍스트가 자신의 인생에 어떤 의미를 안겨주는지 되새겨보게 할 수도 있다.

이야기는 내 어린 시절의 큰 부분을 차지했다. 그런데 이는 단순히 잠자리에서 부모님이 읽어주던 이야기의 다양함 때문만은 아니다. 이야기를 듣거나 읽는 것이 내 자아 감각에 크나큰 영향을 미쳤다는 걸 깨달았다. 매년 12월 23일이면 어머니는 모금 행사를 주최하고 마을의 유명한 이야기꾼을 초대해 우리 집에서 공연을 열었다. 그런 날에는 거실의 모습이 싹 달라졌다. 집에 있는 의자란 의자는 다 모아서 거실로 갖고 오고, 바닥에는 쿠션을 쌓아놓았다. 그러면 문 옆에 마련된 작은 무대 앞에 많은 사람이 몰려와 앉았다.

나이가 들면서 알게 된 사실은, 모든 마을에 그곳만의 이야기꾼이 있는 건 아니라서 우리 집에서 벌였던 공연이 평범한 일은 아니었다는 것이다. 어쩌면 내가 살던 포레스트 로우의 특별함 때문이었을지 모른다. 그곳은 같은 반 친구 엄마가 염소를 산책시키는 모습을 보는 게 불가능하지 않았던 그런 곳이었다. 그러니 이야기 학교가 있어도 이상할 게 전혀 없었다.

나는 해마다 애슐리 램스던이 찰스 디킨스의 《크리스마스 캐럴》을 공연하기를 고대했다. 이야기가 우리 삶을 비추는 거울이 될 수 있다는 걸 처음 알게 된 것도 이 공연을 통해서였다.

우리는 등장인물과 줄거리를 통해 자기가 누구이고 어떻게 살아가는지에 대해 더 많이 이해하기 시작한다. 그리고 똑같은 이야기를 몇 번씩 되풀이해서 듣다 보면(내가 어릴 때 매해 그랬던 것처럼) 그때마다 텍스트의 새로운 깊이와 새로운 진실을 발견하게 된다. 또 세상 속에 존재하는 자신의 위치에 대해서도 깨닫게 된다.

당신은 《크리스마스 캐럴》을 인형극 버전으로 봤을 수도 있고 고전 소설 원작을 읽었을 수도 있다. 내용은 모두 같다.

크리스마스를 싫어하는 에비니저 스크루지는 사무실에 앉아 돈벌이에만 집중하면서 자기 직원인 밥 크래칫을 비롯한 만나는 모든 이들을 괴롭힌다. 그러던 어느 해 크리스마스이브, 스크루지는 얼어붙을 듯이 추운 사무실에서 귀가해 귀리죽을 한 그릇 만든다. 그는 집에 들어오는 길에 현관문을 두드리는 쇠고리에서 죽은 사업 파트너인 제이콥 말리의 얼굴을 보는 놀라운 경험을 이미 한 상태다. 이에 대해서 그가 할 수 있는 말이라곤, "그런 건 전부 사기야"라는 말뿐이었다. 잠자리에 든 스크루지는 갑자기 아래층에서 이상하게 짤그랑거리는 소리가 나는 걸 들었다. 그는 문을 이중으로 잠가둔 상태였기 때문에 그런 소리가 들린다는 게 더 불안했다. 그리고 그 소리는 이제 계단을 올라와 점점 침실 쪽으로 가까워지고 있었다. 말리의 유령은 귀신같은 형상으로 무거운 현금 상자와 자물쇠, 금궤가 주렁주렁 매달린 끝없이 긴 쇠사슬을 질질 끌면서 스크루지의 침실로 들어왔다. 말리는 자신의 운명을 한탄하면서 스크루지에게 살아가는 방식을 바꾸지 않는다면 자기와 똑같은 불행한 최후가 기다리고 있을 거라고 말한다. 두려움에 사로잡힌 스크루지는 훌륭한 사업가였던 말리가 어떻게 사후세계에서 그런 고통을 겪게 된 건지 물었다. 말리는 크게 울부짖으면서 대답했다. "사업이라고!? 난 사람들을 위한 사업을 해야 했어!"

지금도 이야기꾼 애슐리가 이 대목에서 버럭 내지르던 고함이 귀에 생생해서, 떠올리기만 해도 마음이 동요될 정도다.

이 공연이 그냥 재미있는 오락거리 정도로 보일 수도 있다. 하지만 그런 판단은 매년 이 행사를 주최한 내 어머니를 과소평가한 것이다. 사실 내 아버지도 사업가였다. 우리 집 거실에 모인 많은 사람들도 마찬가지였다. 아버지는 투자 은행가였고, 자유시장 경제에 대한 아버지의 사랑은 스크루지와 크게 다르지 않았다. 《크리스마스 캐럴》은 언제나 내게 특별한 의미가 있다. 상처받은 세상을 향해 계속 마음을 열어두지 않으면 모든 이들의 마음이 딱딱하게 굳어버린다는 걸 상기시켜주기 때문이다. 따라서 이 이야기는 단순한 오락거리가 아니라 행동을 촉구하는 글이다. 스크루지의 변화는 그 자리에 모인 모든 이들에게 평등과 정의, 자유를 위해서 공통된 인간애를 받아들이고 구두쇠 같은 태도에서 벗어나 부를 재분배하자고 촉구했다.

이야기 시작 부분에서 스크루지는 크리스마스이브에 자기 집에 와서 같이 게임을 하자는 조카 프레드의 초대를 거절했다. 그는 고립과 부의 축적이 자신을 행복하게 해줄 것이라고 확신하며 살았다. 하지만 유령들은 그가 틀렸다는 걸 증명한다. 그래서 이야기의 마지막 부분에서 스크루지는 즐거운 게임이 한창인 조카의 집으로 찾아가 머뭇거리면서 묻는다. "프레드, 들어가도 되겠니?" 스크루지가 집에 들어가도 되겠느냐고 물어보는 것은 자신이 그동안에 한 이기적인 행동에 대한 용서를 구하는 행위이다. 스크루지는 이 행위를 통해 얼마나 많은 걸 소유했느냐가 아니라 얼마나 많은 애정을 베푸느냐를 기준으로 자신의 정체성을 다시 세웠다.

어릴 때 나는 이야기가 인생의 목적과 의미, 좋은 관계와 기쁨이 충만한 삶을 살라고 고무시키고 지시할 수 있다는 걸 배웠다. 하지만 그런 깨달음은 저절로 생긴 게 아니다. 누군가(내 경우에는 우리 어머니)가 뜻을 세우고, 사람들을 모으고, 엄청난 양의 크리스마스 쿠키를 굽고, 매년 그 행사를 반복했기에 가능한 일이었다.

이것은 텍스트를 신성시했을 때 얻을 수 있는 지혜다. 이 지혜는 진정한 자아와 더 가까워질 수 있게 해주며, 경험을 통합할 수 있게 도와준다. 그리고 자신을 똑바로 직시할 수 있게 해준다.

신성한 텍스트는 개인의 힘으로 발견하지 못하는 인생의 필수적인 진리를 발견할 수 있도록 도와준다. 또 내가 버리고 싶어 하는 태도와 행동에 정면으로 맞설 수 있는 거울 역할을 한다. 이뿐만이 아니다. 우리에게 영감을 주고 되고 싶은 사람이 될 수 있게 해준다. 아마 당신은 이미 《해리 포터》를 선택했을 수도 있고, 셰익스피어의 작품이나 노벨문학상을 받은 토니 모리슨의 작품을 선택했을 수도 있다. 아니면 전통적인 종교적 텍스트를 새로운 방법으로 읽을지도 모른다. 어떤 텍스트든 전부 환영한다. 영적인 독서 방법으로 읽으면, 어떤 텍스트를 선택하든 영원한 달콤함으로 향하는 사다리를 올라갈 수 있다.

리추얼과 안식일

갈수록 자신을 위한 시간을 내기가 점점 더 힘들어진다. 다양한 디지털 기기에 둘러싸여, 지문 인식으로 모든 걸 간단하게 이용할 수 있는 생활을 하면서도 사람들이 안부를 물으면 늘 "바쁘다"는 말이 가장 먼저 튀어나온다. 심지어 자신의 내적 삶이나 스스로 느끼는 감정을 인식하는 것조차 어려워진다. 예를 들어, 자기가 화나고 분개했다는 사실을 알아차리지 못한 채로 며칠을 보낼 수도 있고, 걱정하던 일이 끝날 때까지 일주일 내내 자기가 매우 초조해했던 사실을 모를 수도 있다.

고대부터 이어지는 유대인의 전통적인 휴식 관습인 샤바트 Shabbat(안식일)는 자기 자신과 연결될 수 있는 공간을 마련하기 위한 현대적인 리추얼을 만들 때 아주 유용한 모델을 제공한다. 안식일은 우리에게 절실히 필요한 영혼의 시간을 갖는 것이다. 꼭 종교적인 의미의 안식일이 아니어도 좋다. 내면의 세계와 좀 더 가까워지기 위한 의식(리추얼)이라고 생각하면 된다.

나만의 안식일을 갖겠다고 마음먹었다면, 언제 일을 하고 언제 하지 않을지 규칙을 정해야 한다. 또 스크린을 들여다보는 시간(종류에 상관없이)을 제한하는 등 정신적인 삶에 명확한 기둥을 세워야 한다. 그렇다면 자신과 더 깊은 관계를 맺고자 하는 이들에게 안식일이 어떤 영향을 미칠 수 있는지 살펴보자.

〈우리는 어떻게 모이는가〉란 논문을 쓰기 위한 사례 연구를 진행하면서, 현대인의 생활 속에서 안식일을 특히 유용하게 활용할 수 있는 세 가지 분야가 있다는 걸 알게 되었다. 바로 '기술 문명에서 벗어나는 안식일', '홀로 지내는 시간을 위한 안식일', '놀이와 창의성을 위한 안식일'이다. 물론 유대교의 전통적인 샤바트는 다른 사람들과 함께 안식일을 기리는 데 초점을 맞추고 있는데, 이런 공동체적 관계에 대해서는 다음 챕터에서 자세히 알아볼 예정이다. 하지만 위에서 얘기한 안식일 관행은 우리가 진정한 자아와 연결되도록 돕는 데 초점이 맞춰져 있다.

기술 문명과 떨어지기

하버드 신학교에 처음 입학했을 때 나는 스스로를 종교적인 사람이라고 생각하지 않았다. 내가 그 학교에 들어간 건 공동체 형성에 대해 배우고 싶어서였다. 그래서 이해도 안 되는 이상야릇한 주문 같은 내용은 무시하고 유용한 정보만 얻기 위해서는 커리큘럼을 샅샅이 살펴야 한다고 생각했다.

하지만 신학교 교수들이 보여준 '종교'에 대한 방대하고 반직관적인 지식과 태도에 나는 몇 번이나 놀랐다. 그리고 교실뿐만 아니라 교실 밖에서 일어난 일들도 내 상상력 확장에 많은 지대한 영향을 미쳤다. 하버드 신학교에서는 모임을 시작하기 전에 잠시 조용히 명상의 시간을 갖는 게 일반적이었다. 수요일에는 학생과 교수, 교직원들이 모여 여러 학생 단체가 돌아가면서 진행하는 종교의식에 참석했는데, 거기서는 각 종교의 풍요로운 전통을 맛볼 수 있었다. 이런 학습 환경 덕에 다들 서로를 더 인간적으로 대할 수 있었다. 누군가의 관점에 대해 듣기 전에 그가 어떤 인생을 살아왔는지 알면, 학문적인 토론에서 훨씬 큰 성취감을 느낄 수 있다는 사실을 알게 되었다. 말하자면, 나는 뚜렷한 종교색을 띤 것들이 나처럼 현대적이고 세속적인 사람에게 과연 도움이 될지에 대해 회의적이었다. 심지어 신학교에 입학한 후에도 말이다.

어느 날, 도서관에서 책을 읽다가 에이브러햄 조슈아 헤셸이 쓴 《안식일The Sabbath》이라는 책을 충동적으로 대출했다. 나는 이 짧은 책을 읽고 어안이 벙벙해졌다. 그전까지 나는 안식일을 지키는 게 유대인들의 촌락 생활에서 시작된 시대착오적인 유물이라고 생각했다. 전등도 켜지 않고 지내고 안식일에 먹을 음식은 하루 전에 미리 다 준비해놓는 것은 첨단 기술에 의지한 내 생활 방식과는 전혀 무관해 보였다. 하지만 그런 첨단 기술 사용이 사실은 내 삶을 즐기는 데 방해가 된다는 걸 깨달았다.

오래전부터 아침마다 휴대폰 알람 소리에 눈을 뜨는 게 습관이 되어, 그 빛나는 화면이 매일 아침 처음으로 눈에 들어오는 대상이 되어버렸다. 침대에서 일어나기도 전부터 SNS를 훑어보고, 이메일을 확인하고, 뉴스를 읽곤 했다. 집중력은 산산이 흩어졌고, 팟캐스트를 들으면서 이를 닦을 때쯤에는 중심부의 고요함은 사라진 지 오래였다. '중독'은 좀 과장된 표현 같지만, 자전거를 타고 등교하는 동안에도 휴대전화에서 눈을 떼지 못하는 걸 보면 문제가 있는 게 분명했다. 예술가 제니 오델이 《아무것도 하지 않는 법How to Do Nothing》이라는 멋진 책에 쓴 것처럼, 요즘에는 아무것도 하지 않는 것보다 더 어려운 일도 없다.

헤셸의 《안식일》은 1951년에 출간되었는데, 그 해는 초강력 접착제인 '슈퍼글루'가 발명되고 최초의 상업용 컴퓨터가 판매된 해이기도 하다. 하지만 그는 우리가 현대 기술을 어떻게 받아들여야 가장 좋은지를 이미 알고 있었다. 그래서 "인류의 가장 성가신 문제를 해결하는 방법은 기술 문명을 포기하는 게 아니라 기술 문명으로부터 적당하게 독립하는 것"이라고 말했다. 그는 신기술과 더불어 살아갈 방법과 그런 기술 없이도 살아갈 수 있는 방법을 찾아야 한다고 제안했다. 기술을 파괴하거나 시간을 과거로 되돌리는 게 아니라, 잘 활용할 방법을 곰곰이 고민해봐야 한다는 얘기다. 이것을 실천하기 위해 안식일이 있는 것이다. 헤셸은 일주일에 하루 정도는 우리에게 가장 중요한 생산 도구로부터 독립해 생활하면서, 세상과 자기 자신을 있는 그대로 받아들이라고 가르친다.

그래서 나는 금요일 밤을 외부 세계와 연결된 디지털 기기를 끄고 내 자신과 연결되기 위한 공간을 만드는 신성한 시간으로 정했다. 2014년부터 지금까지, 금요일 해 질 녘부터 토요일 해 질 녘까지 24시간 동안 노트북이나 휴대폰을 사용하지 않는 '기술 안식일'을 지키고 있다. 이메일도 없고, SNS도 없고, 아무것도 없다. 어둠이 찾아오면 내 방 창문 앞에 서서 잠시 하늘을 바라본다. 그런 다음 촛불을 켜서 손에 들고, 마술적이고 신비로운 안식일로 접어들기 위해 어린 시절에 배운 노래를 부른다. 초를 다시 테이블에 내려놓는 순간부터 어깨의 긴장이 풀리고 호흡이 편해지는 걸 느낄 수 있다. 그리고 평소에는 물리칠 수 있었던 피로가 덮쳐 와 밤 아홉 시면 벌써 침대에 눕는다. 마음이 내키면 향을 피우기도 한다. 기술 문명을 이용하지 않기 때문에 들을 수 있는 음악도 없다. 주위는 온통 조용한 침묵 속에 잠긴다. 그러면 갑자기 내면을 들여다볼 기회가 생긴다(어떤 날에는 강제로 그렇게 되기도 한다).

이렇게 기술 문명에서 벗어나 휴식하는 방식은 세상을 내키는 대로 소비하면서 마음껏 선택하고 필터링하고 이용하고 즐기는 일상생활과 상당히 다르다. 기술은 우리의 현실을 지울 수 없게 만든다. 우리는 손바닥만 한 크기의 스크린을 통해 일하고, 쇼핑하고, 긴장을 풀고, 사랑을 찾는다. 이런 생활이 편리하기도 하지만, 밤늦게까지 계속 피드를 확인해야 한다는 강박관념 때문에 다른 일을 망치기도 한다.

첨단 기술 전문가인 케빈 켈리는 새로운 기술이 하나 등장할 때마다 사회가 그걸 길들이기 위해 어떤 에티켓이 필요한지 합의하기까지 10년이 걸린다고 말한다. 예를 들어, 휴대폰 제조사들은 휴대폰이 발명되고 10년이 지나서야 무음과 진동 모드 옵션을 도입했다. 그리고 휴대폰이 눈앞에 있는 것만으로도 진정한 대화가 방해를 받을 수 있기 때문에, 전화기를 보이지 않는 곳으로 치워두거나 아예 꺼버려야 하는 때가 언제인지 배우고 있는 중이다. MIT 사회학과 교수인 셰리 터클은《대화를 잃어버린 사람들》이란 책에서 모바일 장비가 우리의 세 가지 소원을 들어준다고 말한다. "첫째, 남들이 항상 내 말을 들어주고, 둘째, 원하는 곳에 관심을 둘 수 있으며, 셋째, 결코 혼자가 될 필요가 없다"는 것이다. 하지만 마지막 소원은 우리가 진정한 자아와 연결되는 중요한 경험을 하지 못하도록 가로막는다.

캐나다 연구원들은 화면을 계속 응시하고 있으면 정신이 산만해지고, 남들과 멀어지고, 녹초가 된다는 걸 증명했다. 브리티시 컬럼비아대학에서 2018년에 진행된 연구에 따르면, 사회적 상호작용을 하는 동안 휴대폰을 사용하는 사람은 친구나 가족과 시간을 보낼 때 별로 즐거움을 느끼지 못한다고 한다. 인디애나대학의 사라 콘라스가 주도한 또 다른 연구에서는 감정을 식별하고 처리하는 데 어려움을 겪는 사람은 자신의 감정과 밀접하게 접촉하는 이들에 비해 SNS를 자주 사용한다는 사실을 알아냈다. 이건 걱정스러운 일이다. 평균적인 미국인들은 현재 하루 열 시간 이상 화면을 들여다보고 있기 때문이다. 심지어 볼 게 없을 때도 계속 들여다보고 있다. 휴대폰 소유자의 67퍼센트는 전화기가 진동하거나 울리지 않았는데도 문자 메시지나 기타 알림을 확인하기 위해 휴대전화를 들여다본다. 이러한 문제는 낮에만 일어나는 것이 아니다. 2016년 피츠버그대학 연구팀은 SNS를 많이 하는 사람은 그렇지 않은 사람들에 비해 수면 장애를 겪을 가능성이 높다는 사실을 알아냈다. 이런 모든 것들이 정기적으로 전자기기를 완전히 끄고 휴식을 취하는 행위가 얼마나 중요한지를 반증한다.

영화 제작자인 티파니 슈레인은 오래전부터 기술 안식일을 옹호해 왔다. 그녀는 온라인 비디오 시리즈인 〈미래는 여기에서 시

작된다^{The Future Starts Here}〉에서 이렇게 설명했다. "난 기술을 좋아
한다. 하지만 다른 사람들에게 끊임없이 반응하느라 정작 나 자
신에게는 제대로 반응해주지 않은 듯한 기분이 든다. 몇 년 전부
터 시간에 대한 생각을 많이 하기 시작했다. 아버지는 뇌종양으
로 돌아가셨는데, 증세가 심해졌을 때는 상태가 괜찮은 시간이
겨우 하루에 한 시간밖에 안 될 때도 있었다. 그 모습을 보면서
우리가 가진 시간이 얼마나 짧은지 생각하게 되었다. 그때부터
우리 가족과 나는 일주일에 하루씩 기술 문명과 완전히 분리된
생활을 하기로 했다."

티파니는 '플러그 뽑는 날^{National Day of Unplugging}'이라는 캠페인에
서 영감을 얻었다. 기술 문명을 이용하는 평범한 사람들이 1년에
하루, 자기 휴대폰을 작은 슬리핑백에 넣어놓고 휴식을 취하는
것이다. 이렇게 플러그를 뽑은 사람들은 정원을 가꾸거나 서로
대화를 나누거나 그냥 쉬면서 시간을 보낸다. 전자기기를 눈에
안 보이는 곳에 치워놓는 게 중요하다. 노트북이나 휴대폰이 주
변에 보이면 SNS에 접속하거나 이메일을 확인하려는 유혹이 걷
잡을 수 없이 밀려올 것이다. 특히 토요일 오후 세 시쯤 되면 책
읽기도 슬슬 지겨워지기 때문이다.

슈레인은 영상에서 이렇게 말한다. "주중에 나는 이메일, 전화,
온갖 알림의 집중포화를 견뎌야 하는 '감정적인 핀볼 머신'이 된
기분이다. 그러다 기술 안식일이 되면, 마치 압력 조절 밸브가 열

려서 그동안 매일 접했던 온갖 팩트와 기사, 소식들이 다 쓸려나
간 듯하다. 덕분에 평소보다 훨씬 균형 잡힌 모습으로 바닥에 단
단히 발을 디디고 설 수 있다. 더 좋은 엄마, 아내, 사람이 된 듯
한 기분이다."

　놀랍게도 주변 사람들에게 항상 반응해줄 필요가 없다는 걸 알
게 되었다. 나는 이메일 서명란에 '기술 안식일을 지키기 위해 금
요일 해 질 녘부터 토요일 해 질 녘까지는 인터넷에 접속하지 않
습니다'라고 적어놓았다. 그걸 본 사람들은 급한 전화를 놓칠까
봐 걱정되지 않느냐고 묻는다. 그에 대한 답으로 나는 "지금까지
는 아무 비상사태도 일어나지 않았고 일생에 단 한 번뿐인 기회
를 잃은 적도 없다. 그리고 설령 급한 전화를 놓쳤다고 하더라도,
안식일을 지키면서 누적된 휴식 시간은 여전히 그만한 가치가
있다"라고 말한다.

　기술 문명과 떨어져서 시간을 보내면 자기 자신과 다시 연결될
수 있는 공간과 시간, 에너지가 생긴다. 인간은 정신적으로 또 육
체적으로 속도를 늦출 수 있다. 나는 안식일에 일기 쓰는 걸 좋
아한다. 의식의 흐름대로 생각을 적어가다 보면, 종종 새로운 아
이디어나 영감이 떠오를 때가 있다. 뇌에 팽팽하게 감겨 있던 줄
이 풀리면서 자유로운 생각들이 마구 튀어나오기 때문이다. 헤셸
은 "사물이 순간에 의미를 부여하는 게 아니라, 순간이 사물에 의
미를 부여한다는 사실을 잊어서는 안 된다"라고 썼다. 하지만 우

리를 끊임없이 방해하는 것들로부터 멀리 떨어져서 시간을 보내보지 않으면 그 중요성을 느낄 수 없다. 우리는 '기술 안식일'을 통해 비로소 자신을 제대로 인식하면서 살아있는 것의 중요성을 느끼게 된다.

타인에게서 벗어나기

다른 사람들에게서 벗어나 휴식을 취해야만 자신과의 관계 형성을 위한 현대인의 안식일을 누릴 수 있다. 어떤 사람의 경우, 일요일 밤에 하는 목욕이 그런 기능을 한다. 또 어떤 사람은 혼자서 장거리 달리기를 한다. 어떤 방법을 쓰든 간에, 혼자만의 시간을 확실하게 누릴 수 있도록 그 시간을 의도적으로 계획하고 명확한 경계를 정해둬야 한다.

내 동거인은 내가 안식일을 보내는 게 단순히 업무용 이메일이나 트위터 스트레스에서 벗어날 기회 이상을 의미한다는 걸 알고 있다. 그래서 그는 너그럽게도 몇 시간 동안 볼일을 보러 다니거나 영화관에 가거나 하면서 집을 비워준다. 그 시간에 내가 혼자만의 공간과 시간을 즐기는 최고의 사치를 누릴 수 있게 해주기 위해서다. 나는 하버드 학생감으로 일하고 있어서 28명의 대학 신입생들과 같은 건물에 살고 있긴 하지만, 매주 갖는 안식일이 일종의 짧은 휴가 역할을 해서 정신을 리셋하고 영적으로 다시 중심을 잡을 기회를 준다.

안식일은 밀린 일을 따라잡기 위한 시간이 아니다. 또 바쁜 한 주를 준비하기 위한 단순한 휴식 시간도 아니다. 그냥 존재한다는 사실의 아름다움과 기쁨을 만끽하는 시간이다.

헤셸은 "안식일은 잃어버린 힘을 회복하거나 다가올 노동에 적합한 상태가 되기 위한 시간이 아니다"라고 썼다. 안식일은 생명을 위한 날이며, 평일을 위해 안식일을 갖는 게 아니라 안식일을 위해 평일이 존재하는 것이다. 안식일을 한 주의 정점, '삶의 클라이맥스'로 여긴다는 생각이 내게 일종의 계시처럼 다가왔다. 학습이나 글쓰기를 위한 독서가 아니라 즐거움을 위한 독서 시간을 고대하기 시작했다. 모리스 드뤼옹의 소설 같은 역사 소설을 읽었고, N. K. 제미신과 함께 공상 과학의 모험에 빠져들었다. 안식일에 독서를 하면 스스로 만든 제약에서 자유로워졌기 때문에 새로운 세계가 열렸다. "소설의 장점은 머릿속이 자유로워진다는 것이다. 모든 제약에서 벗어날 수 있으므로, 독서는 진실로 우리를 자유롭게 해준다." 저널리스트 로버트 맥크럼은 〈파이브 북스〉와의 인터뷰에서 이렇게 말했다.

안식일을 통해 우리는 자신의 본질을 온전하게 드러낼 수 있고, 어려운 질문이나 결정에 깊이 숙고할 공간을 가질 수도 있다. 사물을 심사숙고하고, 중간에 방해받는 일 없이 끝까지 생각할 시간을 가질 수 있는 것이다. 침묵과 고독 속에서 어린 시절의 열정을 재발견한다. 안식일은 우리가 진정 어떤 사람인지 기억하는 날이다.

처음에는 어색한 기분이 들 수도 있다. 삶의 많은 부분은 진정한 고독과 깊은 공동체 의식 사이에 존재하는 불완전한 중간 지대를 맴돌면서 흘러간다. 파커 파머는 사람들이 항상 느끼는 공허함이 여기서 비롯된다고 주장한다. 우리는 살면서 집단적인 분주함과 개인적인 고독을 번갈아 가며 느낀다. 하지만 진정한 고독이나 공동의 경험은 매우 드물다. 이렇게 반쯤 건성으로 살아가는 중간 지대에서, 우리의 고독은 곧 외로움이고 공동체 내에서 하는 시도는 덧없고 좌절감만 안겨준다.

집단적 분주함에서 벗어나 안식일을 보내면 정신을 어지럽히는 것들에서 자유로워진다. 그뿐만 아니라, 혼자 시간을 보내면서 의식적으로 자기 경험 안으로 깊숙이 들어가 마음이 내키는 대로 흘러가게 할 수 있다. 나는 종이와 파스텔 아니면 노래책을 꺼내곤 한다. 가끔은 시도 쓴다. 안식일의 이 사치스러운 시간을 이용해, 평소에는 자물쇠로 꼭꼭 잠가서 숨겨뒀던 자신의 창조적인 부분을 탐색할 수 있다. 요즘 같은 스크린 시대에는 아마추어적인 창의력을 발휘할 여지가 거의 없다. 전문가들이 공연할 때 어떤 모습인지 보았기 때문에 그에 못 미치는 수준의 노래나 춤을 선보이는 건 안 될 일이라고 생각한다. 또 누군가가 우리의 불완전한 작품을 볼지도 모른다는 두려움에 무력해지기 때문에 마음대로 공예나 기술을 배우지도 못한다. 하지만 안식일에 발휘하는 창의력은 남에게 보여주기 위한 게 아니라 본인의 즐거움을 위한 것이며, 내가 누리는 시간과 자유에 대한 감사의 공물이 될 수도 있다.

어쩌면 당신은 이런 일들을 몇 가지 혹은 전부 다 해봤을지도 모른다. 하지만 이런 시간이 고독을 위한 성스러운 시간이 되게 하려면 의도적인 변화가 필요하다. 당신도 그런 변화를 시도해보기 바란다. 당신이 어떤 일을 하든, 그걸 의도적인 리추얼로 만들 필요가 있다. 촛불을 켤 수도 있고, 시를 낭송하거나 열 번쯤 크게 심호흡을 할 수도 있다. 뭘 하든 간에, 이런 시간이 어떻게 당신을 치유하고 마음을 부드럽게 해주는지 주목하자. 내적 삶은 외적 삶을 위한 토대가 되기 때문에, 이런 일에 전념하면 셀 수 없이 많은 선물을 얻게 될 것이다. 이것이 패러다임 변화다. 일상의 순간이 영적인 삶의 신성한 토대가 될 수 있다.

나만의 놀이 공간의 중요성

안식일에는 매일 사용하는 전자기기를 치워야 하지만, 그렇다고 모든 걸 자제해야 하는 건 아니다. 오히려 그 반대다. 업무와 생산적인 활동을 일시 정지하고 노는 시간을 위한 공간을 마련하면 자신에 대해 무엇을 알게 될까?

전통적으로 안식일은 기쁨과 충만함을 느끼는 시간이다. 맛있는 음식, 좋은 동반자. 심지어 안식일에는 섹스도 유대인의 종교적 의무다. 관례적으로 안식일은 여왕이나 신부 같은 대접을 받아서, 집을 깨끗이 치우고 가족 모두 최고의 모습으로 꾸민다. 나도 이런 전통에 영감을 받아, 안식일에는 마치 왕실 결혼식에 참석하는 것처럼 행동하려고 한다. 그런 자리에 초대받는 행운을 얻었으니 최대한 즐겨야 한다. 당신도 안식일에 뭘 하면 좋을지 궁리하고 있다면, 안식일 시간을 잘 보내도록 도와주고 창의적이고 자유로운 정신을 발휘할 수 있는 자기만의 리추얼을 만들 방법을 생각해보자.

안식일은 하루보다 길 수 있고, 다른 사람들과 함께 기념할 수도 있다. 〈우리는 어떻게 모이는가〉에서 소개한 사례 연구 중에 성인을 위한 여름 캠프인 캠프 '그라운디드Camp Grounded'가 있다. 2013년에 설립된 캠프 그라운디드는 자신들의 실체를 다음과 같이 설명한다. "성인들이 평소의 모습을 완전히 버린 채 정말 이상한 행동을 하고, 걷잡을 수 없이 웃어대기도 하고, 식사 도중에 노래를 부르고, 원뿔형 천막 안에서 밤늦게까지 비밀 얘기를 나누다가 잠드는 그런 곳을 상상해보라. 그러다가 몇 시간 뒤에 일어나 일출을 보며 패들보드를 타거나 요가를 하고, 그림을 그리고 공예품을 만들고 유치한 경연대회를 열기도 한다. 우스꽝스러운 옷을 입고, 춤을 많이 추고, 장기자랑에서 공연도 하고, 서로

별명을 부르면서 아주 열심히 논다. 이 모든 활동이 마약이나 알코올 없이 진행되며, 이런 활동을 인스타그램에 올리거나 상태 메시지를 업데이트하지도 않고 자기 직업에 관해 얘기하지도 않는다. 모든 게 초현실적일 만큼 멋지다."

레비 펠릭스가 설립한 캠프 그라운디드는 안식일의 원칙을 받아들이고 그 규칙을 토대로 일주일간의 경험을 구성했다. 기술 문명과 직장에서의 정체성에서 벗어난 여름 캠프 참가자들은 타고난 창의력과 다시 연결된다. 그림을 그리고 노래하고 웃고 바보같이 군다. 손편지를 쓰고 캠프파이어 주위에 둘러앉는다.

내 경우에도 여름 캠프는 항상 안식일 같은 느낌이었다. 열한 살 때 네덜란드 시골의 기차역에 도착해 우스꽝스러운 의상을 입은 캠프 지도자들과 만났다. 그들은 우리를 인솔해 자전거를 타고 야영장 주변까지 이동했다. 거기서 캠프 참가자들은 다 함께 시간 여행을 떠날 수 있도록 "우주선"이라는 콩가 댄스를 추기 시작했다. 그런 다음 다들 시계를 두 시간 뒤로 돌렸고(낮부터 캠프파이어를 즐길 수 있도록) 그렇게 '캠프 시간대'에 진입한 뒤에야 비로소 텐트와 화덕이 설치되어 있는 넓은 캠프장으로 들어갈 수 있었다. 방대한 구조물이 없어도 또 먼 곳까지 여행을 떠나지 않아도, 소소한 리추얼과 뜨거운 열정만 있으면 다른 현실에 발을 들여놓을 수 있다. 물론 캠프에서 지켜야 하는 규칙과 정신 상태를 1년 내내 유지하는 건 불가능하겠지만, 그래도 우리가 준비만 되면 언제든 즐거운 장난과 기쁨이 가득한 그곳으로 돌아갈 수 있다.

헤셸이 안식일을 '시간 속의 궁전'이라고 부른 것도 이런 의미에서다. 아니면 아름다운 성당을 상상해보자. 우리는 언제나 변함없는 경외심과 영감을 느끼면서 성당으로 들어선다. 사실 안식일을 보낸다는 건 우리가 어디에 있든 신성한 현실과 마주한다는 뜻이다. 진짜 신전이나 교회, 심지어 아름다운 숲도 필요 없다. 신성한 시간의 아름다움을 느끼기만 하면 된다. 그 시간은 모든 곳에 뻗어 있으므로 우리가 어디에 있든 접근할 수 있다.

놀이를 추구하는 안식일을 통해 얻을 수 있는 가장 큰 기쁨은 사실 자기 자신을 탐구하는 데서 나온다. 당신도 나와 비슷한 상황이라면, 여름 캠프를 통해 자기가 공예품을 만드는 데 전혀 서툴지 않다는 걸 알게 되었을 것이다. 어쩌면 자기가 악기를 연주하면서 큰 기쁨을 얻는다는 걸 알게 될지도 모른다. 모든 것에서 벗어나 휴식을 취할 수 있는 기간을 정해두지 않았다면 그런 생각을 할 시간도 없었을 것이다. 물론 새로운 기술을 배우거나 뭔가를 마스터하는 게 안식일의 목표는 아니다. 어떤 목적을 정해두고 그걸 위해서 놀 필요는 없고, 또 그래서도 안 된다. 취미가 꼭 부업이 될 필요는 없다는 얘기다. 놀 수 있는 여지를 만드는 건 무엇이 내게 기쁨을 안겨주는지 알아내고, 그런 특별한 것들을 위한 시간을 내기 위해서다.

내 삶에 안식을 주자

이 책 첫머리에서 당신에게 약속한 걸 떠올려보자. 당신은 벌써 그 일들을 대부분 실천하고 있다. 우리가 준비하는 건 그걸 심화시키고 목적을 부여하기 위한 다음 단계일 뿐이다. 당신은 이미 혼자서 시간을 보내도록 도와주는 자기 관리 대비책이나 "나만의 시간"을 찾기 위한 비책을 몇 가지 알고 있을 것이다. 벌써 스크린을 들여다보는 시간을 제한하고 있을지도 모른다. 본인의 업무용 책상이나 아이들, 혹은 당신의 시간을 차지하는 어떤 일에서 벗어나기 위해 매주 목요일마다 요가를 할 수도 있다. 내가 바라는 건 그런 행동을 규칙적이고 성스러운 안식의 시간으로 바꾸는 것이다. 달력에 적어놓고 그걸 일상의 규칙으로 삼자.

나는 전통적인 시간대에 맞춰서 안식일을 지키고 있지만, 안식일을 반드시 금요일 밤으로 제한할 필요는 없다. 전통은 규칙적인 리듬을 따르라고 권하지만, 우리는 원할 때 언제든 안식일을 시작할 수 있다. 나는 금요일 밤에 시작되는 기술 안식일 계획을 수요일부터 짜기 시작하는데, 여기에는 짧은 은거의 시간을 환영하기 위한 긴 샤워와 특별한 보습 루틴도 포함되어 있다. 그리고 자제력을 발휘하는 게 중요한데, 내가 집 밖에 있을 때 가장 지키기 힘든 게 이거다. 헤셸은 이에 대해 단호하게 충고한다. "안식일을 어떻게 보내느냐에 따라 우리의 본질이 달라진다." 안식일을 지킬 때는 "싫다"고 말하는 연습을 해야 한다. 아무도 우리에게 안식일을 지키라고 강요하지 않을 것이다. 고용주들은 우리가 정해진 시간보다 많이 일하는 걸 좋아한다. 그러니 우리가 직접 안식일을 정해야 하는데, 그건 정말 어려운 일이다. 하던 일을 멈추고 싶지 않을 때가 많다. 경쟁이 심하고 전진을 중요시하는 문화권에서 하던 일을 멈춘다는 건 말이 안 되기 때문에, 멈출 경우 뭔가에 실패하게 될까 봐 걱정이 된다. '낮잠 부처Nap Ministry'를 만든 트리샤 허시는 휴식은 자본주의와 백인 우월주의에 역행하기 때문에 일종의 저항이라고 말한다. "우리 몸은 해방의 현장이다." 그녀는 자기 웹사이트에서 이렇게 말한다. 그녀가 하는 일은 우리는 충분히 일하지 않고 있으니 더 많이 일해야 한다는 주장에 반대된다. 일을 멈추고 놀려면 펠릭스와 그의 캠프 그라운디드가 그랬던 것처럼 다른 규칙에 따라 움직여야 한다. 그때마다 우리 내면의 완벽주의자를 조금씩 죽여야 하는데, 그 죽음은 고통스럽고 굴욕적일 수도 있다. 그러나 휴식과 새로운 삶, 변화된 세상에 대한 약속은 언제나 진실이다. 나도 아직 일이 끝나지 않았는데, 라며 혼잣말을 하곤 하지만, 그래도 멈춰야 한다.

결국 자신과 연결되려면 어떤 형태로든 안식일이 필요하다. 위대한 작가이자 수도사인 토머스 머턴은 《인간은 외로운 섬이 아니다No Man Is an Island》라는 책에서 이렇게 썼다. "우리가 충만한 삶을 사는 건 예전보다 많은 일을 하고, 많이 보고, 많이 맛보고, 많이 경험하기 때문이 아니다. 반대로, 우리 중 일부는 평소보다 일을 훨씬 덜 하고, 덜 보고, 덜 맛보고, 덜 경험할 용기를 내기 전까지는 충만한 삶을 살 수 없다는 걸 알아야 한다." 머턴은 소박한 존엄성이 "근본적인 빈곤"에 감싸여 있다 하더라도 본인의 진정한 자아를 찾아야 한다고 충고한다. 안식일에 우리는 있는 그대로의 자신을 알게 되고, 그러면 커다란 자기 연민이 따르게 된다. 안식일은 우리에게 새로운 관점을 안겨준다. 우리를 상상력과 다시 연결시켜 준다. 우리는 세계가 작동되는 새로운 방법을 마음속에 그려볼 수 있다. 신학자 월터 브루거만은 "안식일은 단순히 생기를 되찾기 위한 휴식이 아니다. 그건 변혁을 위한 휴식이다"라고 썼다.

안식일을 보내는 모습은 사람마다 다를 것이다. 주변 사람을 돌봐야 하는 책임의 정도와 삶의 리듬에 따라 많은 게 달라진다. 혼자만의 시간을 보낼 수 없는 상황이더라도, 촛불이나 음악을 이용한 작은 리추얼을 하나 만들면 지금까지와는 다른 시간을 보낼 수 있다. 자신을 다 내맡긴 듯한 마음가짐으로 노래를 부르거나 그림을 그리거나 잠을 잘 수 있다. 자기 내면으로 돌아가 침묵과 고독을 벗 삼을 수도 있다. 안식일을 지키면, 모든 일이 잘될 것이고 우리는 세상 모든 것과 보이지 않는 연대를 맺고 있다는 걸 기억하게 된다. 또 우리가 사랑받는 아름다운 존재라는 사실도. 안식일은 우리가 지금 모습 그대로도 충분히 훌륭하다는 걸 상기시켜서 자기 내면과 다시 연결되도록 도와준다.

THE

POWER

제 2 장

타인과의
연결을 위한 리추얼

OF

RITUAL

THE POWER OF RITUAL

나와 함께 '신성한 디자인 랩Sacred Design Lab'을 설립한 수 필립스는 자아와의 연결은 타인과의 연결과 불가분의 관계에 있다고 설명한다. '나는 누구인가?'라는 의문은 필연적으로 '나는 누구에게 속해 있는가?'라는 의문으로 이어진다. 왜냐하면 자기 자신에 대한 이해는 본질적으로 우리가 관계를 맺고 있는 사람들에 의해 형성되기 때문이다. 이 장에서는 우리가 좀 더 인간적인 모습으로 살아갈 수 있도록 도와주는 과거의 관행을 해석하는 방법이나 이미 맺고 있는 관계의 질을 심화하는 방법에 관해 얘기하고자 한다. 또한, 새로운 관계를 맺기 위해 어떻게 다가가야 하는가에 대해서도 알아본다.

연구에 의하면 관계의 질을 높이고 새로운 관계를 맺는 행위는 인간의 삶을 의미 있게 만들고 풍요롭게 한다고 한다. 대공황이 한창이던 1938년에 시작된 하버드대학교 성인발달연구는 건강하고 행복한 삶을 구성하는 요소가 무엇인지 알아내기 위해 700명이 넘는 남성과 그 배우자들을 추적 관찰했다. 80년간의 연구 끝에, 과학자들은 연구 참여자들이 친구, 가족, 파트너와 맺은 관계의 질이 가장 중요하다는 결론을 내렸다. 연구원들은 온갖 종류의 데이터를 수집했다. 몇 년에 한 번씩 의료 기록과 뇌 스캔 데이터를 수집하고 참가자들을 인터뷰해 그들의 삶을 이루는 다양한 요소들을 알아냈다. 나중에는 연구 참가자의 배우자나 자녀들과도 대화를 나누고, 그들이 집에서 일상적으로 상호작용하는 모습을 촬영했다.

이 연구팀의 리더를 맡아 수십 년 동안 연구팀을 이끈 로버트 월딩거 하버드 의대 정신과 교수는 이 연구에서 얻은 세 가지 핵심 결론에 대해 이렇게 설명한다.

첫째, 사회적 인맥은 사람들에게 좋은 영향을 미친다. 미국인 다섯 명 중 한 명이 외롭다고 느끼는 상황에서 가족과 친구, 그리고 폭넓은 공동체와의 관계는 인간이 더 오랫동안 행복한 삶을 영위하도록 도와준다.

둘째, 관계에 있어 가장 중요한 것은 살면서 맺은 관계의 수가 아니라 '관계의 질'이다. 갈등 관계 속에서 사는 것은 건강에 매우 해로운 반면, 좋은 관계 속에서 살면 건강에 이롭다. 연구진은 수십 년 동안 수집한 자료를 통해, 관계에 대한 만족도가 건강과 행복에 긍정적인 영향을 미친다는 것을 발견했다. "50세 때 자신의 관계에 가장 만족했던 이들이 80세 때 가장 건강했다"라고 월딩거는 설명한다. 타인과 만족스러운 관계를 맺고 있는 노인들은 육체적인 고통이 심한 날에도 상태가 괜찮은 날만큼 행복했다. 반대로 관계가 만족스럽지 못한 노인들의 경우는 육체적인 고통이 감정적인 고통으로 확대되었다.

셋째, 원만한 관계는 신체만 보호하는 게 아니라 뇌도 보호한다. 힘들 때 다른 사람에게 의지할 수 있다고 느끼면 기억력이 더 오랫동안 온전하게 유지된다.

월딩거는 과학자로서의 본업 외에 선종 승려이기도 하다. 그의 연구는 본인의 삶에도 지대한 영향을 미쳤다. "일에만 매몰되어서 친구들과의 교류를 하지 않으면 홀로 고립되기 쉽다. 그 때문에 인간관계에 더 많은 노력을 기울여야 한다"고 설명한다.

이렇듯 인간에게 있어 원만한 관계는 정신적 건강뿐만 아니라 육체적 건강에도 지대한 영향을 미친다. 그러므로 우리는 항상 관계를 잘 돌봐야 한다. 그런데 앞에서 살펴본 것처럼 최신 기술이 관계를 방해하는 경우가 많다. 발달 전문 소아과 의사인 마크 버틴은 UC 버클리대학에서 발간하는 〈그레이터 굿Greater Good〉이란 잡지에 기고한 글에서, "SNS를 사용하면 자존감이 떨어지고, 불안감과 우울증이 증가할 수 있으며, 역설적이게도 사회적인 고립감을 느낄 수 있다"고 설명한다.

그래서 타인과 교감을 형성하기 위한 다른 방법이 필요하다. 많은 사람이 이 문제로 고민하고 있다. 이런 이유 때문인지 외로움과 소속감의 위기에 관한 책과 기사도 늘어나고 있다. 2018년 미국인 2만 명을 대상으로 진행한 연구에 따르면, 응답자의 27 퍼센트는 자기를 진정으로 이해해주는 사람이 있다고 느낀 적이 거의 없거나 전혀 없다고 한다. 또, 친구와 장시간 대화를 나누거나 가족과 즐거운 시간을 보내는 등 매일 의미 있는 사회적 교류를 하는 사람도 절반 정도밖에 안 된다고 한다.

그러나 다른 이들과 의미 있는 관계를 맺으면서 '풍요로운 삶'을 살아갈 수 있는 방법을 찾아낸 이들도 많다. 나는 〈우리는 어떻게 모이는가〉를 쓰기 위한 연구를 진행하면서 일관성 있는 커뮤니티 구축 방법을 두 가지 발견했다. 사람들이 함께 모여 식사를 하거나, 함께 운동하는 것이다. 본 장에서는 사람들과 식사하는 일상적인 활동을 리추얼화 시키는 방법에 대해 얘기해볼 생각이다.

함께 식사하기의 위대함

레논 플라워스의 어머니는 레논이 고등학교 3학년 때 암 진단을 받았다. 그리고 4년 뒤, 레논이 대학 생활의 마지막 학년을 마치던 바로 그해에 돌아가셨다. 원래 노스캐롤라이나에 살다가 나중에 로스앤젤레스로 이주한 레논은 어머니나 자신이 살아온 삶, 레논이 지금과 같은 모습이 되기까지 어머니가 미친 영향, 그리고 어머니의 부재 때문에 복잡해진 가정사 등에 대해 얘기할 기회가 거의 없었다는 걸 알게 되었다. 레논은 "어떻게 해야 새로 사귄 친구들에게 부담을 주지 않으면서 이런 내용을 대화에 끼워 넣을 수 있을지 잘 몰랐다"고 말했다. 누군가 어머니날이나 추수감사절 계획을 물어보면 어색하게 대화가 끝나곤 했다. 대화를 끊는 데 최고의 주제였던 것이다.

레논은 자신의 경험을 이해해주는 사람들과 함께하고 싶은 마음이 간절했다. 그래서 2010년 말에 친구 카를라 페르난데스와 함께 둘이 같이 사는 집 뒷마당에서 저녁 식사 모임을 열었다. 한 다리 건너 아는 사람들끼리 모인 이 20대들은 서로에게서 자기가 찾고 있던 걸 발견했다. 그들이 한 경험의 강도와 중요성을 알아주는 이들을 만난 것이다. 식탁에 둘러앉은 그들은 자신의 경험을 발판 삼아 더 풍요롭고, 정직하고, 열린 마음으로 삶을 살아갈 수 있게 되었다.

이게 〈우리는 어떻게 모이는가〉를 쓰기 위한 조사를 하면서 알게 된 커뮤니티 가운데 내가 가장 좋아하는 '디너 파티'의 시작점이다. 이 친구들은 매달 모였다. 처음에 5명이던 구성원은 곧 6명이 되었고, 얼마 지나지 않아 친구와 친구의 친구들이 같이 참여하게 해달라고 부탁했다. 새로운 모임 주최자들은 샌프란시스코, 워싱턴 DC, 뉴욕에서 사람들을 모으기 시작했다. 지금은 전 세계 95개 도시와 마을에서 270개의 모임이 정기적으로 열리는데, 모두가 만나서 저녁 식사를 함께한다. 보통 손님들 각자가 집에서 만든 음식이나 그리운 고인을 떠올리게 하는 음식을 가지고 온다. 그리고 모인 사람들 모두 사랑하는 사람을 잃은 삶을 살고 있기 때문에, 온갖 화제로 얘기가 끊이지 않는다. 그들은 자기가 느끼는 슬픔뿐만 아니라 분노와 안도감에 대해서도 솔직하게 얘기할 수 있다. 그리고 시간이 지나 상실 직후에 느꼈던 압도적인 슬픔이 삶 속에 녹아들면 슬픔과 기쁨이 마음속에 공존하게 된다. 이 모임 자리에서는 힘든 업무와 승진, 새로운 관계, 가족 간의 갈등 등 모든 문제에 관한 대화를 환영한다.

공동체를 만드는 데 함께 식사하는 것보다 더 좋은 방법은 없다. 수천 년 동안 사람들은 음식을 나눠 먹었다. 처음에는 생물학적 필요성 때문에 채집과 사냥의 전리품을 나눠 가졌고, 나중에는 연대감을 표현하기 위해 그렇게 했다. 같은 그릇을 공유하면, 잠재적 경쟁자들끼리 서로를 독살하지 않으리라는 걸 증명할수 있었다. 전설에 따르면, 사람들이 식사 전에 서로 잔을 부딪치는 이유도 이 때문이라고 한다. 유리잔이나 맥주잔이 닿아 안에 있는 액체가 상대방의 잔으로 흘러 들어가면, 우리 모두 안전을 확신할 수 있다. 이렇듯 함께 식사하는 건 언제나 우리가 공동체를 이루는 방식이었다. 함께 모일 장소와 시간을 정하는 것도 중요하고, 먹는 행위 자체가 대화를 원활하게 할 수 있도록 해주며, 첫 만남의 어색함도 완화해 준다. 내가 좋아하는 영화 〈유브 갓메일〉을 감독한 노라 에프론은 "가족은 저녁에 같은 걸 먹는 사람들이다"라는 유명한 말을 남겼다.

가장 중요한 종교의식 중에는 함께 먹거나 마시는 일에 중점을 둔 것도 있다. 불교 선종의 전통에서 유래된 일본식 '다도'를 생각해보자. 또 시크교의 '랑가르'는 사회의 모든 계층이 계급이나 종교에 상관없이 함께 식사하는 공동체 식사 의식이다. 이슬람교도들은 라마단 기간 동안 해가 진 뒤에 '이프타르iftar'라는 저녁 식사를 하면서 하루의 단식을 마무리한다. 그리고 물론 기독교 예배의 중심은 성찬식, 즉 주의 만찬이다. 이렇게 함께 먹는 것을 신성한 행위로 삼은 이러한 전통이 주는 교훈을 몇 가지 살펴보자.

함께 자리에 앉는다는 것은 곧 서로가 필요하다는 신호를 보내는 것이다. 정통 기독교 신학자인 알렉산더 슈메만은 "먹는 것에는 육체 기능을 유지하는 것 이상의 의미가 있다. '그 이상의 것'이 뭔지 모를 수도 있지만, 그럼에도 불구하고 그걸 기리고 싶어한다." 슈메만은 함께 식사할 때 무언가 경건한 일이 일어난다고 주장한다. 추상적인 얘기처럼 들리겠지만, 이 주장은 기독교인들이 그리스도의 몸과 피를 받는 전통적인 성찬식에 대한 흔치 않은 해석에 근거를 두고 있다는 걸 알면 그의 말도 이해가 간다.

신학자들은 음식에 어떤 일이 일어나는지에 초점을 맞추는 경향이 있다. 그래서 "그것이 예수의 몸이 되는가? 아니면 단순히 예수의 몸을 상징하는 것뿐인가?"라는 질문을 하곤 한다. 하지만 슈메만은 그런 질문을 하는 예배》에서, "먼저 우리에게 어떤 일이 일어났기 때문에 빵과 포도주에 그런 일이 일어났다는 걸 이해해야 한다"고 썼다. 또, 슈에만은 우리가 공동체의 일원으로 함께 모였기 때문에 빵과 포도주에 변화가 생긴 것이다. 이렇게 함께 모인 신성한 시간에 우리는 시공간을 넘어선다고 했다.

이렇게 리추얼은 우리를 일상적인 습관에서 벗어나게 해서 더 깊은 존재로 이끌어준다. 이 경우, 우리 존재는 주변 사람들과 함께 공존하게 된다. 함께 식사를 하면 더 깊은 관계를 경험할 수 있다. "우리는 식탁 주위에 함께 둘러앉는 방법을 알고 있죠." 레논과 전화 통화를 했을 때 그녀는 이렇게 설명했다. "진행자가 있는 모임에서 대화를 나누기 위해 의자가 동그랗게 놓인 방에 들어갈 때는, 식탁 앞에 앉아 옆 사람에게 샐러드를 건네줄 때보다 긴장할 수밖에 없어요. 저녁을 먹을 땐 옆 사람과 즐겁게 수다를 떨 수도 있고, 말하기 싫을 때는 그냥 포크만 움직여도 되니까 괜찮죠." 그리고 레논처럼 사랑하는 사람을 암으로 잃은 이들은 함께 식사를 하면서 추가적인 공감대를 나눌 수 있다. "엄마가 항암 치료를 받던 중에 식욕을 잃었던 일이 떠올랐어요. 육체적으로만 힘든 게 아니라, 친구들과 함께 식사를 하지 못하게 되니까 사회적인 관계 면에서도 손실이 컸죠." 함께 먹는 것은 살아있다는 단순한 사실을 확인시켜 준다.

이렇게 함께하는 관행은 디너 파티 커뮤니티에 대한 레논의 생각 자체를 변화시켰다. 디너 파티는 원래 슬픔이라는 경험을 중심으로 모이는 공동체다. 하지만 사실은 그게 목적이 아니다. 슬픔은 사람들을 단절시키는 경험이다. 하지만 사실은 그것이 목적이 아니다. 슬픔은 사람들을 단절시키는 경험이다. 디너 파티는 그러한 단절을 극복하고 사람들이 다시 연결되도록 도와주는 현대식 리추얼이다. 레논의 팀은 모임 주최자들이 애완동물의 죽음이나 별거, 성폭력 경험 등도 디너 파티 공동체에서 상실로 간주하는지 물어보는 쪽지를 받기 시작하면서 이 사실을 알아차렸다.

레논은 "디너 파티가 죽음이나 상실에서 오는 슬픔만 연결해주는 게 아니라, 힘든 경험을 하게 된 원인을 연결의 경험으로 변화시키는 매개체라는 걸 깨달았다"고 설명한다. 디너 파티는 개별적인 주제와 관련된 의미 있는 공동체를 구축하려는 이들에게 자신들의 원칙과 방법론을 공유하기 위한 상부 단체까지 설립했다. 저녁 식사 자리는 고통의 경험을 긍정적인 관계로 바꾸는 그들의 연금술이었다.

이제 디너 파티는 로스앤젤레스에서 열리는 소규모 모임이 아니다. 평범한 사람들이 서로 의미 있는 관계를 만들어내는 전 세계적인 공동체다. 참가자들은 식사 모임에 참여하거나 정규적인 모임 주최자가 될 수 있으며, 이 유기적인 커뮤니티 구축 방식은 함께 모여 힐링할 수 있는 강력한 공간을 만들어냈다.

식사 전의 리추얼

모든 저녁 식사가 이렇게 진행되지는 않을 것이다. 그리고 대부분의 식사는 더 습관적으로 진행되어도 상관없다. 솔직히 말해, 가끔은 유튜브를 틀어놓고 밥을 먹고 싶을 때도 있지 않은가. 일반적인 포틀럭 파티(각자 음식을 조금씩 준비해 와서 나눠 먹는 것・옮긴이)부터 독서 클럽, 게임 모임에 이르기까지 형태나 규모에 상관없이 모든 디너 파티가 커뮤니티 구축과 육성에 도움이 될 수 있다. 하지만 평소보다 성스러운 식사를 경험하고 싶을 때는 어떻게 그런 목적을 드러낼 수 있을까? 그리고 더 깊은 관계를 맺고 싶다는 희망을 품고 모임에 참석하는 사람이 나뿐만이 아니게 하려면 어떻게 해야 할까? 그럴 때 바로 리추얼에 의지해야 한다.

내가 어릴 때는 저녁 식사를 위해 가족이 다 함께 식탁 앞에 앉을 때마다, 서로의 손을 잡고 짤막한 노래를 불렀다.

꽃에 축복을, 열매에 축복을,
잎과 줄기에 축복을, 뿌리에 축복을,
식사에 축복이 깃들고, 땅에는 평화가 깃들길.

어쩌면 당신 가족에게도 식사 시작 전에 하는 축복의 말이나 기도, 혹은 간단한 감사 인사가 있을지 모른다. 추수감사절 같은 특별한 날에 식사를 할 때는, 평소 가정에서 별다른 신성한 의식(리추얼)을 하지 않는 사람들도 음식을 먹기 전에 몇 마디 감사의 말을 나눌 것이다. 작은 리추얼이 식탁을 변화시킬 수 있다. 서로 눈을 바라보면서 잔을 들고 "이렇게 함께 모이니까 좋네요"라고 말하는 것만으로도, 서로의 존재를 기뻐하는 것 이상으로 즐거운 일은 없다는 걸 일깨워준다. 아니면 그냥 조용히 촛불을 켜거나 식사 시작 전에 다들 몇 초 동안 손을 잡고 가만히 있는 방법도 괜찮다.

인류학자 클리포드 기어츠는 "리추얼을 치를 때는, 우리가 살아가는 세상과 상상하는 세상이 같은 세상인 것으로 밝혀진다"라고 말했다. 다시 말해 리추얼은 우리가 평소에 거의 접할 수 없는 삶의 방식으로 이끌어주며, 예측 불가능한 즐거움이 있는 미래로 우리를 인도한다. 이게 바로 식사 전에 치르는 짧은 리추얼이 가진 힘이다. 우리의 관심을 상대방과 거기 모인 사람들의 상호 연결성에 다시 집중시키는 것이다. 이상적인 상황에서는 이렇게 관계를 강조하다 보면 식탁 앞에 모인 사람들을 넘어 그 음식의 씨앗을 뿌리고, 재배하고, 고르고, 분류하고, 운송한 사람들에게 우리가 얼마나 의지하고 있는가까지 인식하게 된다. 우리는 먹이사슬을 통해 연결되며 이 식사를 가능하게 해준 많은 이들에게 감사를 표한다.

내가 어릴 적 손님이 오면 어머니는 짧은 축복 노래에 "암스테

르담을 환영합니다"(손님이 사는 도시나 마을 이름)라는 말을 덧붙이곤 했다. 누나들과 나는 나이가 들면서 이런 의식이 부끄러워져 신음 같은 소리를 내곤 했다. 하지만 지금, 파트너와 아이들과 함께 모인 이 자리에서 서로의 손을 잡으려고 할 때는 약간 쑥스럽게 느껴질지도 모르지만, 노래가 끝날 때쯤에는 식사를 축복하고 서로를 축복할 수 있어서 기쁠 것이다. 당신도 새로운 리추얼을 만들어서 처음에 몇 번 해볼 때는 그게 관습에 어긋나는 행동처럼 보일 수도 있지만, 식사를 하기 전에 되뇌는 간단한 몇 마디 말이 가족과 친구들을 더 단단히 엮어줄 수 있다.

혼자 식사를 할 때도 기어츠가 말한 상상력의 힘을 이용하면 음식을 통해 다른 사람들과 연결될 수 있다. 처음 한 입을 먹기 전에 음식의 색과 냄새에 주목하자. 그리고 음식을 입으로 가져올 때 입안에 고인 침이나 뱃속에서 느껴지는 허기 등 자기 몸이 어떻게 반응하는지 보자. 마지막으로, 처음 한 입 먹을 때 그 맛을 음미하면서 이 맛있는 음식을 먹을 수 있도록 도와준 모든 사람들에게 감사를 전해야 한다. 그리고 한 입씩 먹을 때마다 머릿속에 떠오르는 모든 이들에게 다정한 마음을 보내자.

반복의 필요성

낯선 사람과 딱 같이 식사를 하는 것도 친밀하고 자극적인 경험이 될 수 있지만, 디너 파티 같은 공동체가 발휘하는 진정한 변화의 힘은 시간이 지남에 따라 관계가 점점 성장하는 데서 나온다. "우리는 내가 누구인지 얘기할 때도 미리 준비한 얘기를 꺼내놓곤 한다." 레논의 말이다. "그리고 6개월 전에 자신에 대해 했던 얘기가 지금은 더 이상 사실이 아닐 수도 있다. 자기 입에서 나오는 말을 되새겨보고 몸과 영혼에 어떤 일이 일어나고 있는지 되돌아보기 위해 서로가 필요하다." 시간이 흐르면, 서로에게 숨길 게 없는 진정한 관계가 형성된다. 그냥 곁에 있기만 해도 서로에 대한 사랑과 애정이 전달된다.

이런 애정이 빨리 자라는 비법은 시간과 근접성이다. 숀과 나는 3년 동안 하버드대학 신입생 기숙사의 학생감으로 지냈다. 존 F. 케네디가 학교생활을 시작한 방 바로 위에 있는 37제곱미터짜리 방에서, 대학 1학년 생활을 만끽하는 십 대들 28명과 부대끼며 산 것이다. 가끔 우리가 나서서 진정시켜야 하는 광란의 파티가 벌어지기도 하고 어떤 수업을 들어야 하는가를 놓고 많은 대화가 오갔지만, 우리는 학생들이 의미 있는 관계를 구축하도록 돕는 데 대부분의 노력을 쏟았다. 우리가 주로 하는 일은 학생들이 학기 초반에 친구를 사귀도록 도와주고, 룸메이트들 사이에서 불가피하게 벌어지는 갈등을 조정하고, 학생들이 이룬 성취를 축하하고, 캠퍼스 생활에 따르는 비극을 애도하는 것이었다. 하지만 가장 중요한 건, 매주 신입생들이 모여 같이 음식을 먹는 자리를 마련하는 것이었다. 한밤중까지 직접 만든 팬케이크와 달걀을 마음껏 먹는 '저녁에 먹는 아침', 다양한 과카몰리 조리법을 시험해본 '과카몰리 축제' 등 다양한 테마로 진행된 저녁 모임에서 함께 음식을 만드는 게 학생들의 결속력을 높이는 데 무엇보다 효과적이었다. 학년이 끝날 무렵이 되면, 인간관계에 시간을 투자한 학생들(함께 식사를 하러 가거나 기숙사에서 서로 이야기를 나눈)이 서로에게 가장 큰 교감을 느끼면서 여름방학을 맞이했다.

소설가 바버라 킹솔버도 2008년에 듀크대학 졸업식에서 연설을 하면서, 대학 때와는 매우 다른 모습으로 살아가야 할 세상으로 나아가는 이들에게 바로 이 점을 기억하라고 촉구했다. 킹솔버는 졸업생과 학부모들을 둘러보면서 이렇게 말했다.

"학교에서는 친구들과 매우 가까이 살았기 때문에 그들이 겪는 문제에 대해 굳이 물어볼 필요가 없었을 것입니다. 기숙사에서 나가 학교 근처에서 자취를 할 때도 사람들과 온갖 사회적, 물리적 구조에 둘러싸인 채 아주 충만한 삶을 살았을 것입니다. 하지만 그중에 당신에게 온전히 속한 것은 아무것도 없습니다. 그런데 이제 곧 모든 게 바뀔 겁니다. 성장한다는 건 무리를 떠나 고립으로 향하는 긴 에스컬레이터를 타고 올라가는 것과 같습니다. 하지만 꼭 그럴 필요는 없습니다. 이곳을 떠나면서 여기서 가장 사랑했던 걸 기억하세요. 아마 유기화학은 아니겠죠. 교정에서 날뛰는 다람쥐나 대용량 시리얼도 아닐 겁니다. 아무래도 이곳에서 당신이 살았던 방식, 사람들과의 밀접하고 지속적인 접촉을 그리워하게 될 겁니다. 이건 한때 이 땅에 흔했던 아주 오래된 인간의 사회적 구조입니다. 우리는 그걸 공동체라고 부릅니다."

아이러니한 사실은, 기숙사건 아니면 군대의 신병 훈련소건 어떻게든 다른 사람들과 함께해야만 하는 상황에서는 우정이라고 부를 필요조차도 없는 관계를 형성한다는 것이다. 전국 곳곳의 학교 식당에서 몇 번이고 함께 식사를 하다 보면, 처음에 호감이 가지 않던 사람도 사랑할 수 있다는 걸 깨닫게 된다. 함께 음식을 만들고 식탁에 앉아 같이 식사를 하는 것, 특히 그런 일을 여러 번 반복하는 건 긴밀하고 지속적인 접촉을 이어갈 수 있는 가장 좋은 방법이다.

식사 모임 만들기

나는 종교적인 규정에 매료되었다. 처음에는 제약이 너무 심한 지나간 시대의 유물처럼 느껴졌다. 하지만 내가 흥미를 느낀 부분은 특정한 음식을 금지하는 규칙이 아니라, 무엇을 누구와 함께 먹을 것인지와 관련된 규칙을 만들면 공동체를 단결시킬 수 있다는 점이었다.

다양한 식이요법이 필요한 그룹을 위해서 식사를 준비해본 사람이라면 알겠지만, 엄격한 채식주의자, 글루텐 불내증이 있는 사람, 팔레오 다이어트(구석기인처럼 단백질과 지방 섭취를 늘리고 탄수화물 섭취는 줄이는 다이어트 방법•옮긴이), 유당 불내증이 있는 사람들을 위한 저녁 식사를 만들라는 건 무리한 주문일 수 있다. 나도 채식주의자라서 다른 채식주의자들과 어울리는 쪽이 훨씬 마음 편하다는 걸 안다. 단백질은 어떻게 섭취하느냐는 짜증나는 질문을 받지 않아도 되고 구운 닭고기 냄새를 맡지 않아도 되기 때문이다. 그러니 가족이나 친구들이 같은 식단을 공유하는 경향이 있는 건 당연한 일이다.

유대인의 식사 계율인 '카슈루트kashrut'를 생각해 보자. 광범위하게 정의된 이 규정은 갑각류와 갈라진 발굽이 있고 되새김질을 하지 않는 동물을 먹는 걸 금한다. 따라서 돼지고기는 먹을 수 없다. 또 고기와 유제품을 같은 접시나 식탁에 올려선 안 된다. 이 때문에 유대인들은 다른 사람과 함께 식사하는 게 늘 어려웠고, 종교법을 지키기 위해 자기 공동체 사람들과 함께 식사를 했다. 그리고 수 세기 동안 계속된 폭력적인 탄압과 강제 이주에도 불구하고 이런 규칙은 살아남았다. 어떤 의미에서 보면 그들은 본래의 종교적 맥락을 초월했다. 심지어 자기는 유대교를 믿지는 않지만, 문화적인 면에서는 유대인이라고 말하는 사람 중에서도, 음식이 유대인의 정체성을 나타내는 핵심적인 지표라고 하는 이들이 많다.

괴짜 친구나 바쁜 파트너, 종종 사람을 짜증 나게 하는 가족이라는 관점에서 이런 음식 금기를 재해석해보면 어떨까? 매주 목요일 저녁마다 똑같은 친구들과 만나 식사하겠다는 규칙을 정해두면, 무계획적인 모임과 저녁 식사가 확실한 약속으로 굳어지고 서로의 관계도 더 깊어지지 않을까? 아니면 한 달에 한 번씩 가장 마음에 들지 않는 동료와 점심을 먹으면서 대인관계를 맺는 능력을 확장할 수도 있다. 다시 말해, 어떤 음식은 먹어도 되고 어떤 음식은 금해야 한다고 굳이 선언할 필요까지는 없지만, 함께 식사하는 이들과 약속을 잡는 방식을 바꿔보자는 것이다.

반드시 비슷한 식성을 가진 사람들하고만 만날 필요는 없지만 (그래도 비건식을 하는 사람, 팔레오 식단을 따르는 사람, 퇴근 후에 항상 피자를 먹는 사람 등 당신과 비슷한 음식을 좋아하는 그룹이 있으면 도움이 될 것이다) 정기적으로 함께 식사하는 모임을 만들어두면 우리가 가장 소중히 여기는 관계를 지켜나가는 데 좋다. 이런 규칙이 있으면 피곤하거나 기분이 안 좋을 때도, 모임에 새롭게 참석해 어색할 때도, 사랑하는 사람과 싸웠을 때도 함께 식탁 앞에 앉게 된다. 어떤 모임은 지루하거나 불쾌할 수도 있겠지만 그래도 계속 자리를 지켜야 한다는 규칙을 받아들이는 것이다.

우리는 함께 식사하는 동안 우리는 본질적인 유대감과 주변 사람들에게 가지고 있는 의존성을 상기하게 된다. 접시에 담긴 음식은 그 이상의 것을 상징할 필요가 없다. 그건 작가 쇼나 니퀴스트의 표현처럼 '보살핌의 언어'다.

운동을 통한 관계 구축

함께 식사하는 행위가 다른 사람들과 깊은 유대 관계를 맺기 위한 검증된 방법인 것처럼 함께 운동하며 땀을 흘리는 것도 커뮤니티를 통한 관계 구축에 대단히 유용한 방법이다.

앤지와 나는 〈우리는 어떻게 모이는가〉 연구를 하는 과정에서 소속감을 키우기 위한 실행 방법에 초점을 맞춘 공동체를 여러 번 만났다. 앞에서 얘기한 것처럼, 신체적 활동에 대한 면밀한 연구는 소위 세속적이고 일상적인 의식이 얼마나 강력한 문화적, 영적 변화를 일으키는지 이해하는 데 도움을 준 관문 같은 사례였다.

'요가, 춤, 영성, 문화적 가치의 실천을 통해 치유, 균형, 평화, 모든 인류의 고도화를 촉진한다'는 보스턴의 '아프로 플로 요가'를 예로 들어보자. 이 단체의 설립자인 레슬리 새먼 존스와 제프 존스는 수련자들이 함께 모여 몸을 움직이기만 하는 게 아니라 다같이 공동체를 형성한다고 설명했다. 내가 참여했을 때는 운동을 시작하기 전에 다들 동그랗게 모여 짤막하게 자기소개를 하고 참가한 이유를 얘기했다. 특히 인상 깊었던 건 자신의 얘기를 나누는 부분이었다. 다른 요가 수업에서도 참가자들에게 요가를 하는 목적을 정하라고 권유하지만, 그것이 무엇인지 다른 사람들 앞에서 말하게 하는 경우는 거의 없다. 하지만 아프로 플로 요가는 매트 위에서 참가자들 간의 유대 관계를 형성하기 위해 서로

속마음을 나누도록 하고, 레슬리와 제프는 모두가 환영받는다고 느낄 수 있는 따스한 존재감을 발휘했다. 그들은 아프로 플로 요가를 통해 서로를 연결할 뿐만 아니라 시간을 초월해 우리 조상이나 선조들과도 연결되게 했다.

"자신의 과거 역사와 기원, 문화를 모르는 민족은 뿌리 없는 나무와도 같다"는 범아프리카 지도자 마커스 가비의 말에 고무된 레슬리와 제프의 노력은 특히 아프리카인들이 강제로 끌려가 노예가 되었던 중간 항로에서 살아남은 이들의 후손이 겪는 트라우마를 치유하는 데 적극적으로 기여한다. 그러니 아프로 플로 요가에는 단순히 몸매를 유지하는 것보다 훨씬 깊은 목적이 있는 셈이다. 이건 심장의 운동이며, 이야기를 통한 운동이다. 그리고 공동 치유를 위한 노력이기도 하다.

이와 비슷하게, 로스앤젤레스에 있는 너드스트롱 짐은 단순히 근육을 키우는 곳 이상의 역할을 한다. 이 헬스클럽은 친구들이 모여서 같이 운동을 하거나 '던전 앤 드래곤' 같은 게임을 하던 작은 차고에서 시작되었다. 설립자 앤드류 도이치는 웹사이트에서 이렇게 설명했다.

"어느 날, 주위를 둘러보니 거기 모여 있는 사람이 15명이나 됐다. 그래서 우리만의 공간을 마련해 얼간이들을 잘 훈련시키면 강한 얼간이로 만들 수 있지 않을까 생각했다. 몇 년 뒤, 우리의 모임 장소는 186제곱미터의 넓이에 수많은 웨이트 트레이닝 장비를 갖춘 공간으로 확장되었고 최고의 커뮤니티까지 갖추게 되었다."

너드스트롱에서는 신체적인 움직임을 공상과학 소설이나 판타지 소설과 연결시켜서 운동을 더욱 풍부하게 만든다. 예를 들어, '보스 몬스터' 운동 프로그램은 타노스와 싸우고 싶거나 닥터 윌리를 물리치거나 볼드모트를 쓰러뜨리고 싶어 하는 사람들을 위한 것이다. 앤드류는 이렇게 설명한다. "난 항상 내 직업이 헬스클럽이 그동안 신경 쓰지 않았던 사람들이 이용할 수 있는 곳이 되길 바랐다. 얼간이들. 괴짜들. 너드스트롱은 그들을 위한 장소다."

취약한 장벽 돌파하기

이 두 커뮤니티가 보여주는 것은 우리가 서로의 관계를 심화시키기 위해 신체적인 운동을 이용할 수 있는 잠재력이다. 둘 다 유대감, 공유된 경험, 그리고 본연의 내가 될 수 있는 안전한 장소를 제공한다. 오하이오주립대학교 웩스너 메디컬센터의 스포츠심리학 소장인 제니퍼 카터 박사는, "우리 몸에 쌓인 긴장과 부정적인 감정을 신체 활동을 통해 발산할 수 있다"고 설명했다.

몸이 지쳤을 때는 감정을 억제하기가 힘들다. 즉, 고강도 운동을 통해 강력한 감정을 방출할 수 있다는 뜻이다. 그러므로 취약한 장벽을 허무는 데 운동이 많은 도움이 된다. 장벽을 허무는 것은 운동을 통해 심화시킬 수 있는 첫 번째 관행이다.

　세상 풍파를 겪다가 보면 무감각한 냉소주의자가 되는 사람들이 많다. 그래서 경계심을 늦추고 다른 사람이 들어오도록 하는 기쁨과 위험을 스스로 용납하지 않는다. 이럴 때 필요한 것이 사람들과 함께 운동하는 것이다. 나는 이런 모습을 '소울사이클SoulCycle'에서 가장 많이 봤다. 연구를 시작할 때, 신학교 동창인 조이가 나와 앤지를 소울사이클 수업에 초대했다. 종교와 관련 없는 유대교 학자가 되기 위한 훈련을 받은 조이는 소울사이클이 자신의 종교라고 했다. 우리는 세련된 의상이나 브랜드 운동복을 입은 여성들과 함께 아주 깨끗한 매장에 들어섰다. 직원들은 우리를 따뜻하게 맞아줬다. 이것이 바로 소울사이클이 성공할 수 있었던 핵심 요소다. 소울사이클의 공동 창업자인 엘리자베스 커틀러는 나중에 하버드 신학교 수업에 와서 설명하길, 설립 초기 뉴욕 웨스트 72번가의 칙칙한 복도 안쪽에 자리 잡은 작은 스튜디오였을 때부터, '사람들이 그곳에 머물고 싶어질 만큼 사랑을 베푸는 방식'으로 커뮤니티를 구축하려 노력했다고 설명했다. 그로부터 10여 년이 지난 지금도 그들의 임무는 변함없이 사람들에게 영혼을 불어넣는 것이다. 이 회사 웹사이트에는 이렇게 적혀 있다.

"우리의 독특한 록스타 강사가 몸과 마음, 영혼에 이로운 영감을 주도록 구상된 명상적인 피트니스 경험으로 라이더들을 안내합니다. 어두운 촛불이 켜진 방을 배경으로 박자에 맞춰 한 무리로 움직이면서 강사들 특유의 안무를 따라 해 보세요. 어떤 부족의 일원이 된 듯한 경험을 하게 될 겁니다. 원초적이고, 재미있습니다."

라이더들은 45분 동안 음악의 박자에 맞춰 각자 바퀴를 돌리면서 신체적인 움직임으로 단결된다. 스피닝 강좌나 댄스 강좌처럼, 어깨에서 힘을 빼고 엉덩이는 좌석에서 들어 올린 채 방에 있는 다른 사람들과 동작을 맞춰 움직인다.

앤지와 나는 연구라는 미명 아래, 전국의 소울사이클 스튜디오에서 수업을 들었다. 웨스트 할리우드에서는 전 미국 국가 대표 육상 선수이자 올스타 강사였던 안젤라 데이비스와 함께 자전거를 탔다. 우리는 그녀가 대부분의 강사들과는 달리 자전거를 직접 타지 않는 걸 보고 놀랐다. 그녀는 그냥 라이더들 사이를 걸으면서 감정이 풍부하게 담긴 메시지를 전달했다. "이 자전거에서 축복이 당신을 기다리고 있어요. 가서 축복을 잡으세요.", "천사들이 박수를 치고 있어요." 그녀는 이렇게 말했다. 나는 이 종교적인 발언에 놀라 주위를 둘러보았다. 이런 말은 영적으로 고양되어 있긴 하지만 종교를 거부하는 세속적이고 자유주의적인 엘리트들에게는 너무 과한 것이 아닐까, 라고 생각했다. 그러나 아니었다. 다들 환호하고 웃으며 에너지 넘치게 더 세게 페달을 밟았다. 나도 다른 사람들이 이 경험을 통해 무엇을 얻는지 지켜보기만 하던 걸 그만두고 본격적인 라이딩을 경험하기로 했다. "오늘은 당신의 꿈이 유효하다는 걸 깨닫는 날이에요. 그 꿈은 이미 당신 안에 있어요. 이미 DNA에 다운로드되어 있습니다. 당신이 부름을 받고, 창조되고, 운명지어진 존재가 될 수 있는 능력이 당신 안에 있답니다." 나는 금세 그녀 손안에서 놀아나고 있었다.

이마에서 땀이 줄줄 흘러내리는 동안 마음은 조용히 가라앉았고, 나 자신보다 더 큰 무언가의 일부가 된 것처럼 느껴지기 시작했다. 함께 자전거를 타는 동료 라이더들과 내가 더 큰 집단의 일부가 된 것 같았다. 모두 함께 움직였다. 주변의 다른 사람들 덕분에 더 대담해지고 더 강해진 느낌이었다. 정면에서 들리는 격려의 함성과 라이더들이 복창 소리가 우리 모두에게 힘을 실어주었다. 조이가 설명한 그대로였다. 그래서 그녀는 소울사이클이 자신의 종교라고 했던 것이다.

35분간의 에너지 넘치는 사이클링 후에, 우리는 '힐 클라임hill climb'(일정 거리의 비탈길을 달리면서 시간을 재는 스피드 경기•옮긴이)을 시작했다. 노래 비트가 느려지고 자전거의 저항이 높아진다. 모든 스트레스와 불안, 두려움과 의심이 녹아내리는 느낌을 받는다. 다 함께 땀을 흘리는 이 순간, 우리는 순수하고 완전한 인간이었다. 거의 모든 수업에서 이때 눈물이 나온다. 많은 라이더들이 자기가 우는 이유가 무엇 때문인지 설명하지 못하지만,

그냥 갑자기 눈물이 나온다. 사람들이 남들 앞에서 자유롭게 울음을 터뜨리는 것만큼 공동체가 형성되고 있다는 걸 확실히 보여주는 증거도 없다. 낯선 사람들 사이에서도 운동이 강력한 연결고리가 되는 건 이런 이유 때문이다. 우리 몸이 말을 하는 것이다. 합리성을 중시하고 감정을 신뢰할 수 없는 것으로 치부하는 문화권에서 말과 생각만으로는 우리의 취약한 핵심에 접근하기가 어렵다. 특히 공공장소에서는 더 그렇다. 하지만 시끄러운 음악과 어둠으로 우리의 감각이 압도되면서, 육체적인 노력이 내가 유지하고 있는 장벽을 깨고 진정한 연결을 맺을 수 있게 해준다.

일반적으로 사람들은 자신의 행위와 자기 주변에서 일어나는 현상에 대해 통제권을 가지길 원한다. 서아프리카의 영적 스승이자 작가인 말리도마 파트리스 소메는 현대인들에게 리추얼이 부족한 이유가 바로 이 통제욕 때문이라고 주장한다. 그는 "현대인들은 통제감을 포기하는 것을 두려워한다"라고 말한다. 하지만 소울사이클이 제공하는 공간은 사람들의 그러한 통제권을 포기하게 만든다. 다시 말해 소울사이클에서 하는 운동(리추얼)이 라이더들에게 항복을 경험하게 만드는 것이다. 수강생들뿐만 아니라 강사들도 울음을 터뜨린다. 강사 윌리 홈즈는 화상 인터뷰에서 이렇게 말했다. "강사 일을 한 지 두 달도 안 됐는데 적어도 세 번은 울었다. 왜 그런지조차 모르겠다. 슬프거나 화가 나거나 귀찮거나 그런 게 아니다. 그냥 눈물이 났다. 수업 중이나 수업

후, 훈련 중에도 그런 일이 일어난다. 평생 그런 적이 없었는데 말이다."

함께 운동을 하면 자신의 몸을 리셋할뿐만 아니라, 집단적인 신체의 일부로서도 재설정할 수 있다. 그리고 함께했던 순간을 기억함으로써 다른 사람의 경험에 공감하는 법을 배운다. 그것을 통해 우리는 더 큰 집단의 일원이라는 의식을 가지게 된다.

고통과 웃음으로 만들어지는 공동체

이렇듯 생동감 넘치고, 감정을 솔직하게 드러낼 수 있는 공간에 있으면, 삶의 중요한 질문에 대해 더 깊이 생각하게 된다. 소울사이클 강사들은 라이더들에게, "오늘 누구를 위해 탈 건가요?" 혹은 "무엇을 놓아줄 준비가 되었나요?" 같은 질문을 자주 던진다. 이런 질문은 모든 사람이 느끼는 육체적 고통의 의미를 이해하는 데 많은 도움이 된다. "나는 아이들을 위해 자전거를 탄다." 또는 "얼마 전에 유방암 진단을 받은 아내를 위해 자전거를 탄다." 중요한 것은 이러한 성찰을 함께 공유하는 것이다.

크로스핏의 경우, 파트너와 함께하는 운동이 많다. 각 쌍마다 버피 150개를 완료해야 하는 경우, 파트너 두 명이 버피를 균등하게 나눠서 할 건지, 아니면 더 강한 파트너가 100개를 하고 다른 사람이 50개를 할 건지 등을 결정한다. 가장 좋은 방법은 시작하기 전에 목표가 담긴 말을 서로 주고받음으로써 운동을 좀 더 의미 있는 행위로 격상시키는 것이다.

로렌 플랭크와 마이클 플랭크가 운영하는 뉴욕 외곽의 한 크로스핏 커뮤니티는 금요일 밤 운동과 성경 공부, 토론, 기도를 통합했다. 마이클은 이렇게 설명한다. "우리는 사람들이 자신을 돌보는 방법이나 공동체 안에서 유대감을 형성하는 방법, 자신보다 더 큰 무언가의 일부가 되는 방법을 배우게 하려고 크로스핏을 이용한다."

크로스핏의 공동 창업자인 그렉 글래스먼은 진정한 공동체는 고통과 웃음을 공유함으로써 형성된다고 말하곤 한다.

이런 의미 있는 단체 운동의 또 다른 대표적 예가 매년 약 50만 명이 참가하는 팀 장애물 코스 경기인 터프 머더다. 터프 머더는 힘(어려운 장애물), 두려움(끔찍해 보이는 장애물), 팀워크(개인이 혼자서는 극복할 수 없는 장애물)라는 세 가지 주제를 통합한 장애물을 만들어낸다. 팀워크에 의존하는 장애물 중에 '블록 네스 몬스터'라는 것이 있다. 깊이 1미터가 넘는 큰 물웅덩이 가운데에 커다란 회전 블록이 있는데, 경주자들은 이 블록을 잘 회전시켜서 물을 건너기 위해 서로 합쳐야 한다. 내 친구인 랍비 엘란 밥추크는 매년 대학 친구들과 모여서 터프 머더에 참가한다. 그들의 팀은 '마운틴 유대인'이라는 유머러스한 별명으로 불리며, 그 여행은 직장과 가족에 대한 책임에서 며칠간 벗어나 사랑하는 옛 친구들과 몇 시간 정도 만나거나 가끔 전화통화를 하는 것보다 훨씬 깊은 방식으로 우정을 되새길 수 있는 연례적인 공동체 리추얼이 되었다.

"우리는 경주 당일에 스키장이 있는 산기슭에 서는 첫 순간에 주눅이 들지 않도록, 터프 머더가 열리기 전 몇 달 동안 새벽에 일어나 로드 아일랜드에서 가장 가파른 언덕을 달리는 훈련을 함께했다. 경주 코스를 달릴 때쯤에는 무서운 장애물을 함께 극복하고 다섯 시간 동안 달리는 것만으로도, 그 일을 하지 않았을 때보다 서로가 훨씬 깊게 연결되는 것을 느낄 수 있었다. 경주를 시작하고 세 시간쯤 지나면 고소공포증에 직면하게 되고, 자신의 사망 확률을 계산하게 된다. 그리고 팀 전체가 진흙탕과 철조망을 기어 다니는 동안 우리들의 연결을 가로막는 모든 장벽이 제거된다. 대화 주제는 장애물에 대한 비판에서 삶에 대한 성찰로 바뀌는데, 그 변화가 자연스럽게 진행된다."

터프 머더 체험은 특이하고 도전적인 방법을 이용해서 사람들을 물리적으로 연결하도록 설계되었다. 엘란은 "결승선에 도착하면 나무틀에서 진흙탕 위로 전기가 통하는 전선 수십 개가 매달려 있는 전기충격기가 기다리고 있는데, 그 충격을 줄이기 위해 다 함께 팔짱을 끼고 있다 보면, 개인으로서나 집단으로서나 완전한 변신을 한 것 같은 기분이 든다"라고 말한다.

물론 하이킹이나 픽업 농구 모임, 친구나 이웃과 함께 개를 데리고 긴 산책을 할 때도 이와 비슷한 원칙이 적용된다. 중요한 것은 육체적으로 힘든 경험을 공유하고 있을 때나, 그 직후에 의미 있는 질문을 통해 함께 성찰할 수 있는 방법을 찾는 것이다. 그러므로 다른 리추얼과 마찬가지로, 친구를 모으고 시간을 정해서 함께 신체적 활동을 할 때는 단순히 칼로리를 태우는 것이 아니라 친구들과 연결되는 방법에 중점을 둬야 한다.

"지금 당신에게 영감을 주는 건 무엇인가?" 혹은 "힘든 시기에도 계속하는 법을 가르쳐준 건 누구였나?" 같은 질문을 할 수도 있다. 이 모든 것이 추가적인 후광 효과를 발휘해서, 결국 함께 달리던 동료가 당신이 누군가를 간병하거나 아플 때 음식을 가져오는 친구가 될지도 모른다. 그리고 만약 강사나 그룹 피트니스 리더와 연결된다면, 그들에게 결혼식처럼 삶이 전환되는 순간을 주재해 달라고 요청할지도 모른다.

개인의 탈중심화

피트니스를 통해 탐구할 수 있는 마지막 방법은 자신을 탈중심화한 상태에서 자신과 연결된 더 큰 집단에 집중하는 것이다.

2012년에 러셀 호예, 매튜 니콜슨, 케빈 브라운이 진행한 연구에 따르면, 팀 스포츠에 대한 참여도가 낮더라도 개인의 사회적 연결성이 증가하는 것으로 나타났다. 축구와 같은 팀 스포츠가 가장 분명한 예이지만, 이사를 도우면서 인간 사슬을 이루어 상자를 끝없이 운반한 적이 있다면 그때도 비슷한 기분을 느꼈을 수 있다. 또는 급류에서 래프팅을 하면서 난류를 건너거나, 줌바 수업을 듣거나, 댄스 플로어에서 마음껏 춤을 출 때도 그렇다. 어떤 집단적인 리듬 안에 있을 때는 고립적인 관점에서 자유로워질 수 있다. 짧은 시간 동안이지만 서로가 완벽하게 연결되어 있다는 것을 느낀다. 이는 개인의 개성이 사라지는 게 아니라 더 이상 개인주의에 눈멀지 않는다는 얘기다. 그렇기 때문에 함께 운동하는 공동체를 찾으면 과거 종교단체를 통해 느꼈던 소속감을 느낄 수 있게 된다.

개인의 탈중심화 방식을 진지하게 받아들인 피트니스 커뮤니티가 바로 '노벰버 프로젝트November Project'다. 그들은 참가자들이 자신을 위해 참석하는 것에서 더 나아가 서로를 대신해서 참석하는 책임 문화를 만들었다. 이 모든 것은 2011년에 노스이스턴대학교 동문이자 공동 창업자인 브로건 그레이엄과 보얀 만다릭이 추운 11월 한 달 동안 매일 오전 여섯 시 반에 운동을 하기로 서로 다짐하면서 시작되었다. 그 습관이 자리를 잡자 금세 친구들이 합류하기 시작했다. 보스턴에서 시작된 이 운동은 이제 전 세계 49개 도시로 확대되었다. 서로를 위해 출석하는 게 노벰버 프로젝트를 작동하게 하는 핵심이다. 솔직히 오전 여섯 시 반에 비나 추위, 심지어 눈을 뚫고 나와서 경기장 계단을 오르내리고 싶어 하는 사람이 어디 있겠는가?

노벰버 프로젝트는 참가자들을 위한 두 가지 주요 리추얼을 개발해서, 계속 서로를 중심에 놓고 유지해 갈 수 있게 한다. 매주 지역사회와 도시 전체에 가장 많은 혜택을 준 사람에게 '긍정상'이라는 의식용 막대기를 수여한다. 한쪽 끝을 짧게 자른 노로 만든 이 막대기는 보트를 조종하거나, 방향을 바꾸거나, 모든 사람이 물 위에 떠 있도록 하기 위한 노 젓기를 상징한다. 상을 수여할 때마다 수상자는 그 자리에 참석한 수십, 수백 명의 사람에게 큰 환호와 포옹을 받는다. 기쁨과 감사의 눈물을 흘리는 경우도 종종 있다.

하지만 이러한 동기 부여의 당근은 이야기의 한 면일 뿐이다. 만약 친구들이 서로에게 참석할 거라고 약속했는데 그 약속을 어긴다면, 책임감에 대한 애정 어린 메모와 함께 그들 이름이 웹사이트에 공개적으로 게시된다. 뉴욕에서 있었던 한 사례를 보면, 운동에 참석하지 않은 메리의 사진 여러 장과 함께, '메리, 어젯밤에 앨리자에게 문자 메시지를 보내 함께 운동하러 가자고 약속했잖아요. 그녀가 차가운 비에 축축하게 젖어 슬픈 모습으로 당신 집 현관 계단에 서 있을 때, 당신은 안락하고 따뜻한 침대에서 나오지 않았죠. 그러니까 우리가 하고 싶은 말은, 오늘따라 당신이 보고 싶었다는 거예요! 오늘처럼 비가 오는 우울한 날, 환하게 빛나는 당신 얼굴이 없어서 쓸쓸했어요'라는 메시지가 게시되었다.

이런 방법은 새로운 것은 아니지만, 모임의 홈페이지에 사진을 게시하는 건 새로운 방법이다. 사회적 명성은 수 세기 동안 지역 사회에 집단으로 참여하기 위한 원동력이 되어 왔다. 그것은 개인의 이익보다 전체에 대한 헌신을 상징한다. 사람들의 모임은 신을 숭배하고자 하는 목적을 달성했지만, 그 모임 자체가 개인이 자기중심적인 태도에서 벗어나 더 큰 것을 중심으로 모이게 하는 사회학적 기능을 수행했다. 이런 초월적이고 공동체적인 성격 덕분에 '농작물 수확', '헛간 만들기', '아이 양육', '죽은 사람 매장'과 같은 집단적인 작업이 가능했다.

특히 일주일에 세 번이나 만나는 활동적인 그룹인 노벰버 프로젝트는 서로에게 의지하는 정신에 바탕을 둔 집단적인 생활방식을 제공한다. '긍정상'과 블로그에 농담조로 작성한 책임에 관한 글은 서로의 이기심을 막고 관계를 원활하게 유지하는 도구가 된다.

이런 탈중심화 관행에서 강력한 공동체는 개인의 개성을 부정해서는 안 된다는 사실에 주목하자. 그때가 바로 공동체가 컬트 cult(종교적인 숭배에 가까운 열광적인 지지를 받는 현상·옮긴이)가 되는 시기다. 여기 소개한 피트니스 그룹에서도 참가자가 자신의 속도, 체중, 운동 강도를 설정하는 방법을 통해 지속적인 개인화를 확인할 수 있다. 경기장 계단을 오르내리는 통일된 일관성이 있을 수도 있지만, 노벰버 프로젝트에는 계단을 반만 달리거나, 경기장 전체를 오른쪽부터 왼쪽까지 달리거나, 그것을 왕복하는 옵션이 있다. 소울 사이클 모임에서는 라이더들이 직접 운동 강도 다이얼을 조작하기 때문에 누구나 자기에게 맞는 운동 강도를 정할 수 있다. 강사들이 강도를 높이도록 유도할 수는 있지만, 최종 선택은 각 개인에게 달려 있다. 이것은 건전하고 의미 있는 건강 공동체의 지도 원칙이다. 공동체는 각 구성원이 번영해야만 함께 번영할 수 있다. 그 누구도 자신의 정체성이나 기술이나 자신감을 포기하도록 강요받지 않는다.

물론 노벰버 프로젝트, 터프 머더, 소울사이클, 크로스핏은 훨씬 더 큰 지도에 찍혀 있는 몇 개의 데이터 포인트에 불과하다. 줄넘기 모임, 치어리딩, 트라이애슬론부터 스파르타 레이스, 오렌지시어리 피트니스, 농구 코트의 젤리 팸이나, 1990년대의 열광적인 문화, 지하 무도회장에 이르기까지 각각의 활동은 구체화된 경험을 통해 사람들이 서로 연결되도록 돕는다.

앤지와 내가 〈우리는 어떻게 모이는가〉에서 연구한, 신체적 활동을 통해 타인과의 연계를 구현한 또 다른 피트니스 관련 커뮤니티는 댄스다. 이른 아침에 술 없이 즐기는 모임을 진행하는 데이브레이커와 모닝 글로리빌은 사람들이 세속적인 공간에서 전통적 관행에 어떻게 참여하는지 보여주는 예상치 못한 두 그룹이다. 이곳에 모인 수백 명의 밀레니얼 세대들은 출근하기 전에 과일 주스를 마시면서 완전히 정신이 말짱한 상태로 음악에 맞춰 열광적으로 춤을 춘다. 몸매 관리도 이 모임의 매력 중 하나지만, 대부분은 즐기기 위해 모이는 것이다. 참가자들은 몸에서 도파민과 기분이 좋아지는 다른 화학 물질이 다량으로 방출될 때 영감과 활력을 느낀다고 말한다.

코카서스산맥에 있는 조지아의 스바네티 지역으로 민속음악을 배우러 여행하던 중에 전통 서클댄스에 참여했을 때도 똑같은 연결 욕구가 밀려오는 걸 느꼈다. 영국의 소설가이자 비평가인 올더스 헉슬리는 춤이 인간 문화에 특히 중요하다고 여겼다. 성스러운 춤은 힌두교부터 아메리카 토착 원주민 전통에 이르기까지 고대에 뿌리를 내리고 있으며, 기도나 신화를 재연하는 데 사용되었다. 헉슬리는 "리추얼 댄스는 다른 어떤 것보다 더 만족스럽고 설득력 있는 종교적 체험을 제공하며, 인간이 신에 대한 지식을 가장 쉽게 얻을 수 있는 것은 근육이다"라고 말했다.

공동체의 양면성

하지만 다른 사람들과 관계를 쌓을 때는 우리보다 앞서 살았던 현명한 커뮤니티 구축자들, 특히 내 영웅인 장 바니에(캐나다의 철학자이자 신학자 • 옮긴이)의 경고에 귀를 기울여야 한다. 그는 지적 장애가 있는 이들과 그들을 돕는 사람들이 한 지붕 아래에서 삶을 공유하며 함께 살아가는 글로벌 커뮤니티 네트워크인 '라르슈L'Arche'의 설립자다. 라르슈를 비롯해 '캠프힐 무브먼트Camphill Movement'와 같은 단체들은 '돌봄'을 중심 모델로 생각하기보다, 공동체를 중심에 두고 모든 사람에게 서로를 위해 봉사할 책임을 안겨준다. 다시 말해, 모든 사람이 자기가 할 수 있는 방법으로 공동체에 기여 해야 한다는 뜻이다. 직원의 경우 회계 업무나 청소, 간병, 병원 방문 일정 짜기 같은 일상적인 업무뿐만 아니라 함께 연극 공연을 하거나 노래를 선창하는 것도 포함된다. 학습 장애가 있는 라르슈 회원들은 정원에서 일하거나, 식사를 준비하거나, 손님을 맞이하거나, 식탁을 차리거나, 판매할 빵을 굽는다. 모두가 서로를 돌보고, 서로를 존중하며, 더 넓은 공동체를 위한다.

전 세계에서 자원봉사자들이 찾아와 라르슈 공동체에서 같이 살면서 일하는데, 이들은 처음에는 장애인을 돕기 위해서 온다. 그들의 고귀한 본능은 즉시 알아차릴 수 있다. 나도 십 대 때 그런 본능이 있어서 도움이 필요한 이들을 돕고 싶었다.《해리 포터》에서 집요정들을 돕고 싶어 했던 헤르미온느처럼 말이다. 그러나 라르슈 운동은 이런 본능이 이야기의 절반에 불과하다는 걸 분명히 보여준다. 요구가 너무나도 명확하고 종종 자발적으로 포옹을 하거나 끊임없이 대화를 나누려고 하는 등 사람들 간의 연결 욕구를 놀라울 정도로 투명하게 드러내는 이들과 함께 생활하다 보면, 새로운 자원봉사자들은 본인의 취약성과 사랑과 소속감에 대한 깊은 갈망에 직면하게 된다.

내가 읽었던 가장 중요한 글 중 하나인 《공동체와 성장》에서, 바니에는 공동체에 들어가면 짜릿한 사랑의 온기를 느끼게 된다고 썼다. 이렇게 환영받는 느낌 때문에 우리는 가면과 장벽을 치우고 서로에게 더 나약한 모습을 보일 수 있다. 그리고 교감과 큰 기쁨의 시간으로 들어선다. 하지만 그렇게 가면을 벗고 나약해지면, 공동체가 관계의 장이기 때문에 끔찍한 장소가 될 수도 있다는 걸 깨닫게 된다. 자신의 상처받은 감정이 드러나고, 특히 몇몇 사람의 경우는 함께 사는 것이 정말 고통스러울 수 있다는 걸 깨닫는다. 그들은 책과 물건, 텔레비전, 개와 고양이와 함께 사는 게 훨씬 쉽다. 혼자 살면서 마음이 내킬 때만 남을 위해 일하는 게 훨씬 편하다. 40년 동안 라르슈 공동체에서 살았던 성 요셉 수녀회의 수 모스텔러 수녀는 이에 대해 아주 간단하게 표현한다. "공동체는 세상에서 가장 멋진 것이다. 그리고 한편으로는 가장 끔찍하기도 하다."

깊은 관계를 맺기 위한 용기

바니에는 "남에게 받아들여지거나 거부당한 경험이 있는 사람,

부모와의 관계에서 내적 고통과 어려움을 겪었던 적이 있는 사람은 다르다"라고 하며, "누구나 친교와 소속에 대한 갈망을 갖고 있지만 동시에 그걸 두려워하기도 한다"라고 썼다.

사람들은 다른 사람과의 관계와 사랑을 갈구하지만 한편으로는 그걸 가장 두려워한다. 그런 관계를 맺으려면 취약하고 개방적인 상태에서 위험을 감수해야 한다. 또한 서로 보살피는 관계때문에 제약을 받아 창의력이 저하될까 봐 걱정한다. 어딘가에 소속되고 싶어 하지만, 주변 사람을 위한 공간을 만들 때 이런 소속감이 요구할 작은 희생을 두려워한다. 사람들은 특별해지길 원하면서도 자신에게 요구되는 규율과 헌신을 두려워한다. 하지만 외로움을 느끼는 순간까지 두려움과 단절된 상태를 유지하면 그 대가가 너무 크다는 것을 알고 있다. 지금은 공동체를 위한 시간이다. 연결을 위한 시간이다.

우리 인생에는 함께 영화를 보러 가는 친구, 축구 클럽, 지역 학부모 이메일 목록, 이웃 등 더 풍부하고 깊어질 수 있는 연결고리와 공동체가 있다. 과거의 전통에서 힌트를 얻어, 이런 관계 중하나를 골라서 내년에는 이들을 함께 여섯 번 정도 식사 자리를 마련하겠다고 다짐해보는 건 어떨까? 아니면 커뮤니티 중심의 피트니스 그룹이나 러닝 클럽에 가입하는 것도 좋다. 수백 수천의 모임을 검색한 다음, 가까운 곳에 있는 다섯 개를 선택해 살펴볼 수도 있다. 거기서 뭔가를 얻게 되리라는 기대를 전혀 하지 않더라도 말이다. 친구들과 저녁 식사를 하면서 프리야 파커의 《모임을 예술로 만드는 법》이라는 책에 나오는 조언에 따라, 흥미로우면서도 부드럽게 도발하는 이야기를 꺼내 '바람직한 논쟁'을 유발해 보자. 내 경험에 의하면 공동체를 건설하려는 진정한 시도는 대부분 환영을 받는다. 당신이 얼마나 기분 좋은 인연을 맺게 될지 상상해보자.

THE

POWER

제 3 장

자연과의
연결을 위한 리추얼

OF

RITUAL

THE POWER OF RITUAL

자연계와 연결을 맺으면 자신이 누구고 어디에 속해 있는가에 대한 인식이 더 깊어진다. 자연에 둘러싸인 장소는 정말 중요한 걸 기억하는 곳이다. 최고의 경험은 압도적인 경외감을 주고 삶의 의미를 순간적으로 맛보게 해준다. 자연 속에서는 주변 모든 것과 연결되어 있다는 심오한 감동을 자주 느끼곤 한다. 자연 속에 있으면 자아도취, 쓰라린 아픔, 절망에서 벗어나 우선순위를 다시 한 곳에 집중시킬 수 있고, 새로운 가능성과 연민을 위한 더 큰 능력이 열린다. 심각한 우울증으로 고생하는 사람들에게는 회복의 중심축이 될 수도 있다. 이 장에서는 자연과 기존에 맺은 관계를 더 깊게 만들어 정말 편안한 기분을 느낄 수 있는 방법을 알아본다. 또 순례, 계절 축하, 우리 몸과 외부 세계의 차이에 대한 재해석 등 옛 관습 세 가지도 살펴볼 것이다.

　우리에겐 이런 연습이 시급하다. 현재 세계 인구의 절반 이상이 도시 지역에 살고 있는데, 30년 안에 그 비율이 거의 70퍼센트에 이를 것이다. 환경보호청의 후원을 받아 2001년에 발표된

조사 결과에 따르면, 당시에 이미 평균적인 미국인이 야외에서 보내는 시간은 전체 시간의 7퍼센트에 불과했다. 갈수록 일을 하거나 스크린을 보면서 여가를 즐기는 일이 많아져 실내에서 보내는 시간이 늘자, 과학자들은 우리가 '자연 결핍 장애' 시대로 진입했다고 경고한다. 리처드 루브가 만든 '자연 결핍 장애'란 말은 자연에서 소외된 인간이 치러야 하는 비용들, 특히 감각 사용 감소나 집중력 장애, 신체적·정서적 질병 비율 증가를 가리킨다.

현대인들이 살고 있는 도시는 인간에게 낯선 장소다. 우리 조상들의 생활과 의미 형성 체계는 기본적으로 그들을 둘러싼 자연계의 영향을 많이 받았다. 숭배의 대상인 신도 주변 풍경에 따라 만들어졌다. 조상들은 쉽게 접할 수 있는 동식물을 이용해서 리추얼을 유지했고, 신에게 빈 소원은 좋은 날씨, 강한 무리, 풍년 등이었다. '자연'이라는 개념이 따로 있다고 상상하기 어려울 정도로 자연환경과 일상이 깊숙이 뒤얽혀 있었다. 문화가 도시화되고 나중에는 산업화까지 겪었지만 그래도 인류는 계속해서 계절의 변화를 축하하고, 신성한 하늘을 숭상하며, 점성술을 통해 필요한 지침을 얻으려고 밤하늘을 올려다보았다. 오늘날에도 이런 전통을 바탕으로 영적 충만한 삶을 살기 위해 자연과의 연결 경험을 한층 더 강화할 수 있다.

자연계와의 연관성에 관심을 갖는 건 종교적인 전통뿐만이 아니다. 과학자들 역시 자연에서 시간을 보내는 것이 인간의 건강에 이롭다는 결론을 내었다.

2017년에 〈사이언티픽 리포트〉에 실린 한 논문에 따르면, 시냇물이 잔잔하게 흐르는 소리나 나무에 스치는 바람 소리가 정신을 맑게 하여 편안함을 느끼게 하며, 정기적으로 자연을 접하는 사람은 항우울제를 복용할 가능성이 적다는 데이터도 있다. 자연 속에서 시간을 보내는 예비 산모들은 더 건강한 아기를 낳고, 식물과 가까이하면 면역력이 강화되고 질병을 예방할 수 있다고 한다.

스탠포드대학의 2015년 연구 결과에 따르면, 자연 속에서 90분 동안 산책을 한 사람들은 도시에서 걸은 사람에 비해 정신질환 발생 위험과 관련된 뇌 영역의 신경 활동이 감소했다고 한다. 또 다른 연구는 숲이 우거진 지역에서 시간을 보내는 '삼림욕'이 인간의 웰빙에 여러 가지 긍정적인 영향을 미친다는 사실을 밝혀냈다.

도시 거주자들은 자연에서 보내는 시간을 갈망하기 때문에, 테네시주 월랜드에 있는 '블랙베리 팜' 같은 곳이 사람들에게 관심을 받으며 많은 성장을 이루고 있다. 이 농장은 일본의 삼림욕 또는 산림 의학에서 영감을 얻은 '딥 힐링 우즈Deep Healing Woods' 프로그램을 운영하고 있다. '겟어웨이' 같은 신생 기업들은 자연 속에 있는 작은 집(휴대폰을 넣어두고 작은 자물쇠로 잠그는 상자가 딸린)을 제공하는 사업을 벌여서 성장했다. '기본으로 되돌아가서 숲의 마법에 빠져들고, 지루함과 고독, 정형화되지 않은 시간의 즐거움을 재발견할 수 있는 경험'이라고 홍보하는 이 사업은 특히 아름다운 자연환경을 즐기는 대가로 기꺼이 돈을 내려고 하는 젊은 도시인들 사이에서 인기를 끌었다. 실제로 젊은 도시인들의 마음속에는 야외로 나가기 위한 핑계가 점점 많아지고 있다. 2020년 〈뉴욕 타임스〉는 플라이 낚시가 최근에 새로운 열성 팬을 확보한 가장 오래된 취미라고 보도했다.

나는 스트레스가 심할 때 숲이 피난처를 제공해줬던 일을 확실히 기억한다. 난 어릴 때 영국 남동부의 애쉬다운 포레스트에서 자랐는데, 우리 집 정원은 삼림 지대로 이어지는 길목에 있었다. 여덟아홉 살 무렵에는 고사리와 떨어진 나뭇가지를 이용해 오두막을 지었다. 한번은 어린 마음에 뭔가에 잔뜩 화가 나서, 우유 1파인트와 빵 1개, 바이올린을 챙겨 숲으로 달아나 다시는 돌아오지 않겠다고 결심했다. 하지만 놀랍게도 삼림욕이 마음을 진정시켜줘서 한 시간 만에 집으로 돌아왔다.

숲이 가장 이상적인 장소이긴 하지만, 한 그루의 나무만으로도 마음이 움직일 수 있다. 호주 멜버른시가 시민들이 위험한 나뭇가지나 다른 문제를 신고할 수 있도록 도시 전역의 나무에 이메일 주소를 할당하자 무슨 일이 일어났는지 아는가? 근처에 사는 시민들이 자기가 가장 좋아하는 나무에 수천 통의 러브레터를 보냈다. 대표적인 편지를 한 통 소개하자면 다음과 같다.

사랑하는 느릅나무에.

너도 세인트 메리에 사는 게 마음에 들었으면 좋겠다. 난 여기를 좋아하거든. 요새 시험이 다가오고 있어서 공부하느라 바빠. 넌 나무니까 시험을 안 보지? 넌 나무라서 우리 사이에 공통점이 없으니까 할 얘기가 많지 않을 거라고 생각했어. 하지만 우리가 함께해서 기뻐.

바보 같은 얘기일 수도 있지만, 마지막 구절 '우리가 함께해서 기뻐'는 이 장에서 소개할 세 가지 실천 과제를 기억하는 데 도움이 되는 일종의 연결고리다. 인간은 자연과 분리된 게 아니라 자연 그 자체이며, 이 안에서 함께 하고 있다.

나를 찾기 위한 또 다른 방법, 순례

순례는 그 형태와 규모가 다양하다. 사람들은 늘 한 장소에서 다른 장소로 이동한다. 직장이나 학교에 가고 가족을 만나러 가기도 한다. 개를 산책시키거나, 하이킹을 하거나, 좋아하는 카페에 가서 핫초코를 사 올 수도 있다. 이따금 특별한 의미가 있는 곳으로 여행을 가기도 한다. 멀리 사는 친구를 방문하거나, 사랑하는 사람의 묘지에 가거나, 좋아하는 밴드나 연주자의 콘서트를 보려고 휴가를 낼지도 모른다. 하지만 집을 떠나는 이런 소박한 여행이 신성한 수행의 기초가 될 수 있을까? 난 가능하다고 생각한다. 결국 순례는 특별하거나 성스러운 장소를 향해 걸어가는 또 다른 여행일 뿐이다. 따라서 관심과 목적, 반복을 통해 이런 여정을 심화시키면 그게 곧 순례가 될 수 있다.

우리가 생각하는 순례가 웅장하고 힘든 이유는, 가장 잘 알려진 종교 순례가 실제로 웅장하고 힘들기 때문이다. 세계 지도 곳곳에는 고대의 순례자들이 걷던 길이 있다. 매년 전 세계에서 30만 명이 넘는 사람들이 산티아고 순례길을 찾아 스페인 북부에 있는 성 야고보의 무덤으로 향한다. 2013년에는 1억 2,000만 명이 넘는 힌두교도들이 쿰브 멜라 축제에 참여해 갠지스강에서 목욕을 하려고 인도 전역에서 몰려왔다. 그러나 오늘날 가장 유명한 순례 여행은 예언자 무함마드의 발자취를 따르기 위해 해마다 거의 200만 명의 이슬람교도들이 참가하는 메카 순례일 것이다. 이 여정은 여행이 가능한 모든 이슬람교도들에게 신성한 의무이며, 지리적 거리와 사회적 지위를 초월해 화합의 유대를 촉진하기 위해 고안되었다. 하지만 우리 인생의 순례는 필요에 따라 규모가 클 수도 있고 작을 수도 있다. 순례는 거리가 아니라 변화를 통해 정의된다. 나는 인류학자 빅터 터너와 에디스 터너가 메카나 메디나 같은 순례지를 과거에 기적이 일어났고, 지금도 일어나고 있으며, 앞으로도 일어나게 될 장소라고 정의하는 게 좋다.

규모에 상관없이 모든 순례는 세 단계로 이루어진 동일하고 광범위한 체계를 따른다. 첫 번째는 목적이나 의도를 정하는 것이다. 그 목적은 치유가 될 수도 있고, 상실 기억, 용서 구하기, 새로운 삶의 단계나 전환 탐색, 혹은 단순히 기쁨과의 재연결일 수도 있다. 아니면 모험을 하면서 예기치 않은 새로운 생각, 우정, 경험이 쌓일 수 있는 공간을 만드는 것일지도 모른다.

두 번째는 여행 그 자체다. 걷는 시간, 발의 물집, 멋진 풍경, 끊임없이 내리는 비, 타는 듯한 태양. 힘든 일과 놀랍고 마법 같은 순간들. 길을 따라 걸으며 동료 여행자들과 나누는 대화들이다.

세 번째는 도착과 귀환이다. 이것은 길에서 경험한 일들을 내 삶과 통합시키는 과정이다. 여행길에서 찍은 사진을 액자에 넣고, 내가 겪은 모험에 대한 이야기를 들려준다. 그리고 아마 정기적으로 집을 떠나 여행의 다양한 요소들 사이에서 시간을 보낼 기회를 찾을지도 모른다.

'영국순례신탁'의 공동 설립자인 윌 파슨스와 가이 헤이워드는 고대의 순례 기술을 전부 꿰고 있다. 특히 윌은 음유시인으로, 성스럽고 즐거운 여행의 오래된 비밀을 모두 찾아냈다. 그는 15년 동안 영국의 숨겨진 길과 숲길을 걸으면서 숲에서 캠핑을 하고 저녁 식사를 만들고 노래를 불렀다. "대항로를 따라 순례 여행을 떠날 수도 있고, 언제든 뒷문으로 나가 순례를 시작할 수도 있다"고 그는 말한다.

나는 2016년에 윌과 가이와 함께 영국 옥스퍼드 주변의 시골에서 하루 동안 순례길에 올랐다. 우리는 번화한 거리를 뒤로하고 템스강을 따라 북쪽에 있는 목적지로 향했다. 바로 빈지 마을 외곽에 있는 12세기에 지은 교회였다. 우리의 목적은 단순했다. 며칠 동안 회의실에서 일했기 때문에 그저 다리를 쭉 뻗고 싶었다. 우리는 관광객과 마을 사람들로 북적이는 거리를 뒤로하고, 길을 따라 늘어선 산울타리에서 자란 다양한 가시덤불이나 잡초와 씨름했다.

차를 운전하거나 자전거를 타지 않고 두 다리로 걸으면, 주변 풍경과 함께 쉽게 리듬을 탈 수 있다. 내 친구인 성공회 신부 마리사 에거스트롬은 이걸 "냄새 맡는 속도로 하는 여행"이라고 말한다. 길에서 신이 난 개처럼 우리도 더 자세히 살펴보고 싶어지는 흥미로운 광경과 냄새를 발견했다. 호흡이 느려진다. 우리는 그곳에 온전하게 존재한다.

순례는 다양한 감각이 관여하는 경험이다. 접촉하고, 가까이 다가가서 만지고, 보고, 냄새 맡고, 듣고, 심지어 주변의 흙을 맛보기도 한다. 실제로 헨리 8세가 영국에서 순례를 불법화하고 몇 년 뒤, 성지에 입을 맞추거나 핥는 걸 금지한다는 포고가 내려진 것은 사람들이 바로 그런 일을 했다는 확실한 증거다. 우리 주변 세상과의 친밀함은 순례에 속하는 게 분명하다. 윌은 우리가 발견한 열매를 먹으라고 권했고, 민들레 잎이나 먹을 수 있는 약초를 발견하면 우리만의 순례차를 만들려고 미리 끓인 물도 한 병

가져왔다. "그건 세상과 접촉하는 또 다른 방법"이라고 그는 설명했다.

걸어가는 동안 월은 우리에게 지팡이, 즉 순례자의 지팡이가 될 만한 막대기를 찾아보라고 했다. "막대기를 들고 다니면 순례자가 된 기분이 제대로 난다"고 월은 말했다. "이건 당사의 가장 오래되고 중요한 기술 중 하납니다. 낫, 홀, 창, 구멍 파는 연장, 활, 낚싯대 같은 다른 막대기의 중요성을 생각해 보면, 왜 그걸 손에 쥐는 게 자연스럽게 느껴지는지 알 수 있습니다."

지팡이는 또 자연을 직접 손에 쥘 수 있게 해주므로, 들판이나 숲을 걸을 때 편안하게 느껴지는 적당한 길이와 강도의 막대기를 찾아야 한다. 지팡이는 완벽한 버팀목이다. 나를 앞으로 나아가게 하고, 무거운 배낭을 받쳐 주며, 내가 순례자라는 걸 즉시 세상에 알린다. 게다가 간달프(J. R. R. 톨킨의 소설《반지의 제왕》에 나오는 마법사 • 옮긴이) 흉내도 낼 수 있다.

순례는 '일기 쓰기'나 '명상'과 같은 전통적인 성찰 행위만으로 무언가 부족하다고 느낄 때도 안성맞춤이다. 언론인 카린 클라인은 걷기가 명상보다 자신에게 효과적인 이유를 다음과 같이 설명한다. "난 명상은 정말 체질에 안 맞는다. 오랫동안 조용히 앉아서 내 호흡이나 상상 속의 하얀 빛에 집중하는 행위는 타고난 조급함 때문인지 좀처럼 견디기가 힘들다. 이와 달리 하이킹은 내가 추구하는 '그 순간'에 쉽게 도달할 수 있도록 해준다." 그녀가 〈예스〉라는 잡지에 기고한 내용이다.

도보 여행자들은 자기가 어디에 있고 주변에서 무슨 일이 일어나는지에 주의를 기울여야 한다. 그렇지 않으면 발을 헛디뎌서 넘어지거나 옻나무 같은 성가신 식물을 만날 수도 있다. 클라인은 같은 글에서 야외 활동의 수많은 이점에 대해 다음과 같이 언급했다. "트레킹은 야생화를 관찰하고 향기로운 식물 냄새를 맡으며 새의 울음소리와 덤불 속의 작은 동물들이 바스락거리는 소리를 듣는 다중 감각 체험이다. 녹색을 보면 긴장이 풀리고 마음이 진정되는 효과가 있다."

순례는 또 당신이 겪고 있는 일을 말로 표현할 수 없을 때도 도움이 된다. 슬픔에 젖어 있을 때는 말을 하는 것보다 걷는 게 나을 수도 있다. 예를 들어, 사랑하는 사람과 사별한 이들을 돕기 위한 다양한 걷기 모임이 존재한다.

옥스퍼드셔로로 돌아가 보면, 시골길을 걸은 지 얼마 되지 않아 목적지인 빈지 마을 외곽에 있는 작은 교회에 도착할 수 있었다. 순례길을 걸을 때면 우리보다 앞서간 많은 이들의 발자취를 밟게 되므로 땅 자체가 수많은 이야기에 싸여 있다. 윌은 이 교회에서 기리는 성인 프리즈와이드에 관한 놀라운 이야기를 들려줬다. 7세기에 태어난 그녀는 작은 수도원을 세우고 독신을 맹세했다. 가까운 곳에 살던 알가르 왕이 프리즈와이드와 결혼하려고 했지만 그녀는 거절했다. 전설에 따르면, 그녀는 옥스퍼드로 도

망갔고 그 지역 주민들이 성난 알가르 왕에게서 숨겨줬다고 한다. 왕은 마을을 수색하던 중에 눈이 멀어버렸고, 그녀는 안전하게 수도원으로 돌아가 수녀들과 함께 살게 되었다. 프리즈와이드가 죽고 수백 년이 지난 뒤, 헨리 8세가 수도원을 약탈하는 바람에 그녀는 다시 한번 위험에 빠졌다. 모든 유물이 파괴될 때, 그녀의 유골도 강에 던져졌다고 한다. 그러나 그녀를 예전에 보호해줬던 옥스퍼드 사람들이 물에서 유골을 건져 성녀를 다시 구했다.

프리즈와이드의 이야기를 들으니 내가 지나온 풍경이 생생하게 되살아났다. 이제 그 들판은 단조롭게 연속되는 공간이 아니었다. 들판 하나하나가 극중 인물처럼 모습을 드러냈다. 뒷길과 강은 이제 역사로 반짝였다. 여기가 그녀의 유골을 강에서 건져낸 곳일까? 그녀가 이 나무들 틈에 숨어 있었을까? 그러나 풍경에 생명을 불어넣기 위해 반드시 성자의 이야기가 필요한 건 아니다. 사랑과 상실, 복수와 후회에 대한 놀라운 이야기는 어디에서나 찾을 수 있다. 가장 눈에 띄지 않는 한적한 시골의 어느 마을에도 온갖 이야기가 넘쳐난다. 실제로 역사, 가족 이야기, 동화, 지역 전설을 발견하는 것도 순례의 일부이며, 이를 통해 영혼을 땅과 연결하는 이야기를 재창조할 수도 있다.

영화 제작자 필 쿠지노는 "순례는 당신이 집에서 잊고 있던 미스터리를 기억하기 위해 존재한다"고 말했다. 하이쿠로 유명한 일본의 탁발 시인 마쓰오 바쇼는 고정관념과 무감각의 표면 아래에 숨어 있는 '아주 희미하게 깜박이는 빛'을 통해 살아있는 풍경의 활기차고 깊이 있는 실체와 우리 자신의 정체성을 들여다볼 수 있다고 얘기한다.

내가 어릴 때, 지역 합창단 지휘자가 영국 전체를 일주하는 도보 여행을 시작했다. 높이 치솟은 절벽 지대부터 산업 단지에 이르기까지 그가 수집한 이야기들은 그가 사는 땅에 생명을 불어넣었다. 당신도 이렇게 풍경 속을 걷고 이야기를 들으면서 풍경을 되살릴 수 있다. 나와 함께 팟캐스트를 진행하는 바네사 졸탄은 루이자 메이 올콧, 샬롯 브론테, 버지니아 울프 같은 작가들에게 영감을 준 풍경을 따라가는 순례 여행을 이끌었는데, 그 작가들은 자기가 사는 땅을 걸으면서 소설에 새로운 차원의 통찰력을 더했다.

마침내 월과 가이와 함께 한 순례의 목적지인 성 마가렛 성당에 도착했다. 하지만 이 순례에서 얻은 가장 큰 교훈은 교회가 아니다. 성 마가렛 성당 앞에 선 우리는 곧장 문으로 향하지 않았다. 대신 교회 옆에서 자라고 있는 300년 넘은 거대한 주목 옆에서 발길을 멈췄다. 나무의 긴 그림자가 우리를 드리우면서 우뚝 솟아 있었다. 여기서 월은 회의실을 벗어나 야생의 땅으로 향한 우리의 목적과 다시 연결되어 보라고 했다. 그리고 나무 주위를 세 번 돌라고 했다. 처음에는 이상한 지시처럼 들렸지만, 그렇게 하자 이 웅장한 나무를 모든 각도에서 바라보며 감탄할 수 있었고, 세 번째로 돌 때 즈음에는 내가 이 나무, 그리고 나무가 서 있는 장소와 어떤 관계를 맺고 있는 듯한 기분이 들었다. 문득 나무를 만지고 싶어져서 거친 껍질로 뒤덮인 나무를 꼭 껴안았다.

이렇게 주변을 도는 건 모든 여행을 순례 여행으로 바꾸는 중요한 영적 도구다. 목적지 주변을 빙글빙글 돌면서 성스러움을 만든다. 우리의 여정 자체가 원의 중심에 있는 것을 기리기 위해서다. 메카에 있는 이슬람교에서 가장 성스러운 모스크 중심부에 '카바Kaaba'라는 건물이 있는데, 순례자들은 메카 순례를 마칠 때 여기를 일곱 번 돈다. 이렇게 걸어서 주변을 돌면 목적지나 숭배의 대상을 모든 각도에서 바라볼 수 있다.

마침내 윌은 우리를 주목 옆에 있는 샘으로 데려갔다. 거기에서 물통을 가득 채우는 동안, 윌은 생명의 근원인 물을 위해 축복의 노래를 불렀다.

물이 흐르고, 생명이 주어진다.

땅에서 솟아오르고 하늘에서 떨어지며,

물이 흐르듯 우리는 노래한다.

성스러운 샘을 축복하자.

집으로 돌아오는 길에도 우리가 걸어온 풍경을 보고, 만지고,

냄새 맡고, 듣고, 심지어 맛보기까지 했다. 그건 이제 엽서에 담겨 있는 온화한 영국 시골의 풍경이 아니었다. 거기에 야생이 있었다. 그리고 내 안의 야생이 되살아났다. 나는 이제 화이트보드와 노트북 화면에 갇혀 있지 않았다.

순례길에 오르면 우리의 본질과 소속에 대한 새로운 가능성이 대두된다. 순례길을 걷는다는 것은 항상 물음표를 떠올리며 사는 것과 같다. 모든 것이 새롭다. 전에 본 적이 있는 것도 새로워 보인다. 당신이 예전에 했던 산책도 작은 순례가 될 수 있다. 경험하면서 생기는 변화를 열린 마음으로 받아들이고 예리하고 관찰력 있는 태도를 유지한다면 말이다.

걷는 동안 여러 가지 일이 벌어진다. 궁금한 것이 생긴다. 추억에 잠긴다. 질문을 던진다. 풍경의 잊혀진 부분과 연결될 때, 자신의 잊혀진 부분과도 연결된다. 순례자인 우리는 어떤 장소에 실제로 존재하는 방법을 기억한다. 말리도마 파트리스 소메는 우리가 자연을 자기 집으로 인식하게 되면, 어디에 있든 그 집을 느낄 수 있다고 했다.

현대인의 순례는 그 형태와 규모만 다양한 게 아니라, 그 목적 또한 다양하다. 그래서 순례는 자연과 다시 연결될 수 있는 귀중한 도구다. 목적지와 여정은 둘 다 종교의 담장 바깥에 존재한다. 내 친구이자 작곡가인 브렌던 타페는 오래전에 해마다 며칠씩 혼자 하이킹을 하러 가겠다고 다짐했다. 그리고 매번 그는 똑같은 시집을 들고 가서, 아무도 듣는 사람이 없는 외진 장소를 찾아, 주위의 장엄한 봉우리와 험준한 바위를 향해 큰소리로 시를 읽었다.

여성들은 혼자 걷다가 간혹 안전 문제가 생길 수도 있기 때문에, 공동 순례가 대안이 될 수 있다. 나는 동료 모험가인 캐롤라인 하우와 함께 아일랜드 서부 해안으로 여행을 떠나, 전직 신부이자 시인이면서 내 신학교 논문 주제이기도 한 존 오도노휴의 무덤을 방문했다. 캐롤라인은 발목 부상을 당한 상태였기 때문에 나는 그녀를 휠체어에 태우고 거대한 언덕을 올랐다. 우리는 얼굴을 스치고 지나가는 아일랜드의 부드러운 빗줄기를 맞으며 즐거운 시간을 보냈다. 그리고 오도노휴의 무덤에 놓기 위해 함께 꽃을 꺾었던 것도 기억난다. 우리가 함께 그런 일을 했다는 사실 덕분에 여정이 더욱 풍성해졌다.

순례는 우리가 예상치 못한 온갖 형태와 규모로 진행된다. 〈우리는 어떻게 모이는가〉 연구를 하던 앤지와 나는 '밀레니얼 열차 프로젝트'를 통해 현대의 순례자들을 만났다. 이 프로젝트에 참여한 20명의 젊은 리더들은 쇠퇴하는 '러스트 벨트' 지역으로 치부되었다가 새롭게 되살아난 소도시를 둘러보면서 사회적 기업가 정신을 배우기 위해 미국 횡단 열차 여행을 했다. 걸어서 가는 게 아니라 기차로 가는 순례 여행이었지만, 그래도 여전히 강렬하고 영적으로 충만한 여행으로 남아 있다.

MTP 설립자인 패트릭 다우드를 처음 인터뷰했을 때, 그는 여행의 세속적인 성격을 강조하고 싶어 했다. 하지만 대화가 진행되는 동안 그는 "글쎄, 우리가 역을 떠날 때 누군가가 기차를 축복해 준 것 같다"고 중얼거렸다. 사람들은 여행을 통해 변화할 수밖에 없으며, 많은 시간을 보내는 풍경에 대한 새로운 호기심과 관심을 품고 돌아오게 된다.

순례는 사막에서 하이킹을 하거나, 동네 주변을 산책하거나, 로키산맥에서 혼자 캠핑을 하거나, 가족끼리 애견 공원에 다녀오는 등 어디에서나 가능하다. 중요한 건 출발하기 전에 목적을 정하고, 가능한 오감을 모두 사용해서 자연계에 주목하고, 새로운 시각을 안고 집으로 돌아오는 것이다. 아마 모든 준비와 고된 여행을 마치고 순례가 끝난 뒤에야 비로소 자연과 나의 관계가 어떻게 변했는지 말할 수 있을 것이다. 그 풍경이 자신의 그리움에 말을 걸었는가? 매일의 바쁜 일상에서 쉽게 잃어버리는 내면의 온전함과 다시 연결되었는가? 모두 함께 사는 더 큰 집에서 마음을 달래거나 시험을 받았는가?

창의력을 발휘할 수 있는 권한

집 주변을 잠깐 산책하는 것을 순례라고 하는 것이 이상하게 느껴질지 모른다. 여기에 '순례'라는 단어를 사용하면 기존의 개념을 너무 급격하게 바꾸는 것은 아닌가라는 생각을 할 수도 있다. 하지만 그것은 잘못된 생각이다. 변화에 저항하는 종교 지도자들은 종종 전통과 관습을 혼동한다. 그들은 특정한 목적을 달성할 수 있는 방법이 하나밖에 없다고 생각한다. 20세기의 트라피스트회 수도사이자 작가인 토마스 머튼은 "관습과 전통은 겉으로는 거의 동일하게 보일 수 있다. 하지만 이런 피상적인 유사성은 인습주의를 더욱 해롭게 만들 뿐이다. 사실 관습은 진짜 전통을 죽이고 현실의 숨통까지 막아버린다. 이것은 전통이라는 살아있는 유기체에 달라붙어 현실을 몽땅 집어삼킨 뒤 공허한 형식만 남기는 기생충이다"라는 통찰력 있는 말을 했다. 이것이 바로 수많은 관습으로 인해 벌어진 일이다.

머튼은 또 "전통은 살아있고 활동적이지만 관습은 수동적이고 죽었다"고 했다. 관습은 별다른 노력없이도 판에 박힌 일상을 통해 수동적으로 받아들여지지만, 전통을 이해하려면 노력하고 고군분투해야 한다. 머튼은 우리가 몽유병 환자처럼 습관적으로 리추얼을 수행할 수 있기 때문에, 관습은 금세 현실 회피가 된다고 주장한다.

사람들은 자기가 하는 일의 의미나 타당성에 민감하지 않다. 그냥 이전 세대들이 하던 일을 하고 있을 뿐, 아무런 질문도 하지 않는다. 그러니 이런 리추얼은 곧 몸짓과 격식으로 이루어진 따분한 체계가 된다. 나는 교회를 늘 이렇게 따분하고 무관심한 시선으로 바라봐 왔다. 사람들이 모여서 그것이 무엇을 의미하는지 또 어떻게 그들을 변화시켰는지 설명하지 못한 채 항상 하던 일만 계속하는 것이다.

머튼에게 전통은 루틴의 반대말이다. 그는 "전통은 우리에게 살아가는 법을 가르쳐주고 자기 삶에 완전한 책임을 지는 방법을 알려준다"고 말한다. 물론 전통은 항상 오래되었지만 동시에 항상 새롭다. 왜냐하면 전통은 새로운 세대와 새로운 역사적 맥락 안에서 영원히 거듭나고 있기 때문이다. 전통은 언제나 새롭고 특별한 방식으로 살아가고 활용될 것이다. 전통은 영혼의 삶을 윤택하게 하지만, 관습은 내면의 부패를 위장할 뿐이다.

따라서 전통은 본질적으로 창의적이다. 그리고 그 창의적인 정신이 순례처럼 오래된 전통을 벽과 인도, 가로등 너머의 공간과 연결한다. 이는 새로운 것이 아니다. 예전에 '모든 산책은 일종의 십자군 전쟁'이라고 한 철학자이자 수필가인 헨리 데이비드 소로는 자연을 즐기고 자신의 고민을 해결하기 위해 하루에 수십 킬로미터씩 걸은 것으로 유명하다. 타당하고 의미 있는 수련과 문자 그대로의 공원 산책을 구별하기가 힘들다면, 랍비 어윈 쿨라가 말한 "모든 전통도 한때는 혁신이었다"라는 말을 상기해보자.

우리 영혼은 자유롭게 창조하고 발명할 수 있다. 죽은 사람을 기리는 방법, 삶을 축하하는 방법, 세상에 태어난 아이를 환영하는 방법은 무수히 많다. 한동안 일이 한 가지 방식으로만 진행되었다고 해서 그것이 앞으로도 진화하지 못한다는 뜻은 아니다. 중요한 것은 내가 하는 일이 살아있다고 느껴지는지, 그 일이 자신과 타인, 자연, 초월자의 네 가지 단계를 거쳐 우리를 연결시켜 주는지 여부다. 인간은 기존 관행에 적응하면서도 새로운 관행을 만들어 내고, 또 그것을 한데 섞을 수 있는 권한이 있다. 그리고 이미 하고 있는 일을 영적으로 충만하고 삶의 의미 있는 일이라고 믿을 권한도 있다.

'리추얼 디자인 랩Ritual Design Lab'의 공동 설립자인 쿠르샷 오젠크도 이와 비슷한 조언을 해준다. 그는 우리 각자가 어떻게 신성한 수련법을 발전시킬 수 있는지 알아보기 위해, 자기 삶에 존재하는 리추얼을 찾아보라고 권한다. "주변에서 자연스럽게 일어나는 일들을 살펴보면서 자기만의 민족학자가 되어야 한다"고 말한다. "아마 당신이 즐겨 하지만 아직 이름을 붙이지 않은 일이 있을 수도 있다. 당신이 하는 모든 리추얼을 기록해서 증폭시킬 수 있다. 그것은 당신이 다시 되살리고 싶은 과거의 리추얼일 수도 있고, 기반으로 삼을 작은 행동일 수도 있다." 어쩌면 주말에 찾아갈 수 있는 호수나 나무, 큰 돌이 있을 수도 있고, 방문해서 가족 이야기를 물어볼 나이 든 친척이 있을 수도 있다. 아니면 매일 아침 출근하는 길에 새로운 식물이나 동물을 찾아보는 것도 한 방법이다.

나는 나가서 달리기를 할 때마다 내가 고민하는 일, 즉 운동을 의미와 연결하는 기회로 바꾸려고 노력한다. 조깅하는 길에 나무가 우거져 있으면, 나뭇가지를 올려다보면서 우주에 말한다. "삶의 영광을 위하여. 나무야, 널 위해 달릴 거야." 우스꽝스럽게 들리겠지만, 당신도 한번 해보기 바란다. 날씨가 좋으면 기분이 완전히 고양되기도 해서 뛸 때 머리끝부터 발끝까지 미소가 번진다. 행인들이 볼까 봐 걱정된다면, 하늘을 올려다보면서 조용히 사랑을 전하자. 이 방법은 늘 내게 경외감과 감사의 마음을 불러일으킨다. 그리고 경외감은 항상 우리를 제자리에 단단히 고정시킨다. 난 이 세상을 헤쳐 나갈 수 있다. 이 얼마나 위풍당당한가.

계절 축하하기

오늘날 점점 더 도시화되어 가는 현대 문화권에서는 계절의 자연적 순환과 더불어 하늘이나 땅과 연관을 맺는 일들이 사라지고 있다. 물론 가을에 제철 요리로 포틀럭 파티를 여는 사람들은 여전히 많다. 또 자기만의 방식으로 연중 특정한 시기를 기리기 위해 여름철 바비큐 파티나 보름달 모임을 주최하기도 한다. 적도를 기준으로 남과 북에서 계절의 순환은 경제부터 학교 방학 시기에 이르기까지 모든 것에 영향을 미친다. 하지만 현실적으로 계절 주기에 맞춰서 살지 않는 사람들이 많다. 계절 같은 건 쉽게 무시할 수 있기 때문이다. 에어컨과 자동차 시트 히터가 있고,

원할 때면 언제나 아보카도를 살 수도 있다. 그러나 이런 편리함은 새로 피어난 수선화나 단풍나무의 붉게 물든 잎을 대부분 무시하고 산다는 것을 뜻한다. 이따금 쌓인 눈을 치우거나 자외선 차단제를 두껍게 발라야 할 때도 있지만, 많은 사람들은 각자 편한 시간에 맞춰서 일과 여행, 건강 관리, 가족 모임을 계획한다. 그게 더 편리할지도 모르지만, 이런 생활 방식은 우리를 자연계와 단절시킴으로써 삶에 리듬을 없애고 영적 감성을 잃게 만든다. 변화하는 날씨 패턴과 계절적인 축일을 기리는 건 자연경관과 조화를 이루는 한 가지 방법이다.

당신은 이미 크고 작은 방법으로 지나가는 계절을 기리고 있겠지만, 중요한 것은 그것을 반복하는 것이다. 기존 관행을 더 심화하고 자연과 연결되기 위한 새로운 관행을 찾아보자. 자연과의 관계가 점점 줄어드는 건 사람들 대부분이 겪고 있는 문제다. 하지만 다행히 자연과 완전히 단절된 상태는 아니다. 당신이 사는 곳이 어디냐에 따라 다르겠지만, 계절을 기리는 것이 곧 봄, 여름, 가을, 겨울의 시작을 알리거나 우기와 건기를 기념하는 것일 수도 있다. 종교문화가 시작된 이래, 인류는 수확제와 기우제, 세계의 종말을 알리는 듯한 일식 등 환경의 변화를 다양한 방법으로 기념해 왔다.

나도 어릴 때부터 계절을 축하하는 법을 배웠다. 고향 마을에서는 9월 29일에 성 미카엘 축일을 기념했는데, 이 축제는 가을의 시작을 의미했다. 우리는 두꺼운 종이에 그림을 그려서 장식하고, 긴 막대기에 초롱을 붙여서 종이등을 만들었다. 저녁이 되면 등 안에 초를 켜고 노래를 부르면서 걸어 다녔다. 부활절 전주에 기념하는 종려 주일에는 수탉 모양의 빵을 굽고 막대기 두 개를 붙여 과일과 사탕으로 장식했다. 그리고 서섹스 골프장으로 행진하면서 노래를 불렀다(우리 고향에서는 노래가 행사의 주제였다). 크리스마스이브에는 등불을 들고 얼어붙은 진흙밭을 가로질러서 마을 농장에 있는 큰 외양간으로 갔다. 그곳에서는 농장 주인 피터가 우리를 맞아줬다. 악보를 나눠 받은 다음, 한두 시간 동안 농장의 여러 동물들에게 크리스마스 캐럴을 불러주기 위해 이 구역 저 구역 돌아다녔다. 소, 돼지, 닭, 그리고 벌에게도 크리스마스 인사와 함께 세레나데를 불러줬다. 노래를 여러 곡 부른 다음, 양 헛간에 모여 민스 파이와 뜨겁게 데운 와인을 먹고 마시면서 피터가 읽어주는 크리스마스 이야기를 들었다. 참회 화요일에는 옷을 차려입고 팬케이크를 구웠고(영국에서는 매우 인기 있는 일이라서 이날을 팬케이크 데이라고 부르기도 한다), 숟가락 위에 달걀을 올려놓고 달리는 경주에 참가하기도 했다.

5월제 날에는 동트기 전에 일어나서 황야로 나갔다. 그곳에서 해 뜨는 걸 바라보며 뜨거운 차가 든 병을 들고 서 있으면, 모리스 댄서들이 나무 사이에서 나와 아코디언 반주에 맞춰 춤을 추기 시작했다. 나무 막대기를 복잡한 패턴으로 부딪히고 하얀 손수건을 흔드는 동안 그들의 발목에서는 봄이 왔음을 알리는 종소리가 울려 퍼졌다. 오후에 학교에서는 꽃 화환을 만들고 메이폴 주변을 돌며 춤을 추면서 5월제를 기념했다.

이것이 내가 지금까지 살아온 전통이다. 매사추세츠주 케임브리지에 사는 동안에는 날이 밝기 전에 일어나 강으로 향했고, 이른 아침부터 그곳에 모인 흥 많은 사람들은 태양이 찰스강 위로 떠오를 때 메이폴 주변에서 노래하고 춤을 췄다. 나와 동료 순례자 캐롤라인은 다양한 메이폴 댄스 행사를 주최했는데, 어떤 해에는 바람이 시속 65킬로미터로 불어서 도심 공원에서 파티를 하기가 힘들었던 적도 있었다. 사람들이 메이폴 주변에서 즐겁게 춤을 추고 개를 산책시키러 나오거나 아이들을 데리고 온 부모들까지 그 재미있는 행사에 동참하는 동안, 자원봉사자들은 메이폴이 쓰러지지 않게 지탱하고 있어야 했다. 작년에는 워싱턴 DC로 여행을 갔는데, 캐롤라인은 그곳의 조용한 원형 교차로 한가운데에 메이폴을 세웠다. 그 완벽한 장소에 곧 호기심 많은 행인들이 몰려와 꽃이 핀 나뭇가지로 만든 관을 쓰고 춤을 췄다.

그리고 어린 시절 여름에는 세례 요한 축일 전날 밤에 사방이 어두워질 때까지 기다렸다가 1년 중 가장 크게 지피는 모닥불인 성 요한의 불을 보기 위해 모였다. 졸업반 학생들이 마른 장작더미 쪽으로 걸어가 일제히 시를 낭송한 후 거대한 모닥불을 피우는 모습을 다들 조용히 지켜봤다. 그리고 군중들이 천천히 모닥불 쪽으로 다가와 불길이 잦아들 때까지 노래를 불렀다. 노래가 끝난 다음에는, 나이 든 아이들이 밤늦게까지 점점 줄어드는 불길을 뛰어넘는 대담한 행동을 하며 서로 경쟁을 벌이는 걸 본 기억이 난다. 전통에 따라 모닥불이 다 타고 남은 재는 다가오는 해에 농부들의 밭을 보호하기 위해 밭에 뿌렸다.

요새는 무덥고 끈적끈적한 여름철이 되면 바네사와 함께 밤 수영을 하러 간다. 여름밤에 우리만 아는 비밀 연못으로 차를 몰고 가는 동안, 부활의 모든 가능성이 느껴진다. 긴 하루를 보내면서 땀에 젖은 우리 몸은 시원한 물과 모래의 부드러움을 갈망한다. 옷을 다 벗은 우리는 기쁨의 환호성을 지르면서 연못으로 뛰어든다. 그러고 나면 몰입의 순간이 쇄도한다. 우리 몸이 집에 돌아왔다. 가끔은 고요히 침묵하며 누워서 별을 바라보기도 한다. 종종 콘택트렌즈를 잊어버리기 때문에 모든 게 안개 속처럼 흐릿하다. 그래도 우리 어깨에 쌓였던 긴장이 빠져나간다. 그날 고민한 모든 문제가 깊은 물 속에 녹아내리는 것 같다.

마음의 안식을 부르는 전례력

많은 이들이 잊어버린 종교문화의 조각을 발굴하는 동안, 종교인들이 전례력(기독교의 기념 축일들이 표시되어 있는 달력·옮긴이)에 기념일을 표시하는 것처럼 우리도 달력에 축하할 날을 표시해보면 어떨까 하는 생각이 떠올랐다. 이 달력에는 1년 내내 열리는 각종 축제와 축하 행사가 표시되어 있는데, 신자들은 이걸 보면서 종교 축일을 기억할 뿐만 아니라 다시 돌아온 계절을 맞이할 수 있다. 전례력에는 뭔가 놀라울 정도로 마음을 위로하는 게 있다. 이 달력은 우리가 평소에 쓰는 매년 숫자가 증가하는 달력처럼 선형적으로 움직이지 않는다. 전례력은 절대 끝나지 않고 순환된다. 내가 어떤 모험이나 관계에서 성공하건 실패하건 상관없이, 계절과 함께 전례력도 몇 번이고 다시 돌아올 것이라는 걸 아니까 좋다. 물론 매번 똑같지는 않다. 그래서 아마 나선형이 단순한 원보다 나은 모양인 듯하다.

하지만 자연계는 우리의 작은 삶이 천상의 리듬 안에서 진행된다는 걸 가르쳐준다. 또 사람들이 품고 있는 문제와 야망, 손실과 갈망의 크기를 조정하도록 도와준다. 에스토니아 출신의 신학자 알렉산더 슈메만은 심지어 '전례력에 따라 살아가면 자신의 힘을 발견하는 데 도움이 된다'고 주장하기도 한다. 전례력에는 온갖 축일이 가득하기 때문에, 이 달력에 따라 살아가면 끝없이 분투해야 하는 소모적인 문화권에서 자연스러운 휴식을 누릴 수 있다. "현대 사회는 기쁨을 '재미'와 '휴식'의 범주로 격하시켰다"고 하면서, "일이 없을 때는 그것을 정당화하고 허용할 수 있다. 그건 양보고 타협이다"라고 말했다. 그러나 그는 사람들이 축하와 기쁨이 세상의 심각한 문제와 관련이 있다는 걸 믿지 않게 되었다고 주장한다. 사실 의도적으로 전례력을 표시하는 것이 우리가 매일 직면하는 바로 그 문제에 대한 해답일 수도 있다. 슈메만에게 있어 계절을 축하하는 것은 힘과 용기, 균형감을 생성하는 발전기와도 같다. 현대인이 겪는 모든 불행에도 불구하고, 이런 계절적인 순간을 축하하면 기쁨이 샘솟는다.

물론 내가 어릴 때 경험한 축제들은 북유럽에서 유래되었고 기독교 이야기의 요소들을 상징한다. 하지만 당신은 자기 조상과 문화적 뿌리에 의지할 수 있다. 당신이 무엇을 믿든, 이런 관례가 우리 기억 속에서 마법을 부린다. 아름다움, 변화된 풍경, 웃음은 전부 마음의 안식처다. 우리는 축제가 매년 돌아온다는 걸 알고 있기에 해가 거듭될수록 단단한 마음으로 환영하게 된다. 베네딕트회 수녀 조안 치티스터는 반복되는 전례력을 가리켜 '영적 성숙을 위한 운동'이라고 한다. 축제는 변하지 않지만, 우리는 변한다. 우리 삶은 축하의 에너지 덕분에 생기가 흐른다. 새로운 해는 상상력을 되살려준다. 즉, 항상 기대할 게 있다는 뜻이다.

어떤 축제를 기념하고 싶은지, 혹은 이미 기념하고 있는 축제를 어떤 식으로 심화시켜야 자연과의 의미 있는 연결 고리가 될 수 있을지 생각해보자. 어쩌면 그 축제는 당신이 가족과 함께했던 순간을 기념할 수도 있다. 밸런타인데이, 야구 개막일 등 지역에서 주최하는 행사나 스포츠 기념일, 영화에 나오는 축제를 이용할 수도 있다. 아니면 봄, 여름, 가을, 겨울 각 계절이 시작될 때마다 파티를 열어야 한다고 주장하면서 그 파티를 성대하게 열어 다양한 활동과 장식을 준비할지, 아니면 분기별로 파티를 여는 이유를 비밀에 부칠지 선택할 수 있다.

특히 힘든 시기에 축하가 필요하다. 2월도 충분히 힘들지만, 보스턴에서는 봄의 첫 징조가 3월 말은 되어야 나타나기 때문에, 늦겨울은 1년 중 내가 가장 싫어하는 시기다. 그래서 결혼한 뒤, 3월이 대학 농구의 정점이기도 하다는 걸 알고 기뻐했다. 농구 규칙을 이해하려고 애쓰면서 켄터키 와일드캣츠를 응원하는 게 연례적인 전통이 되었다. 그 외의 기간에는 팀 경기에 관심이 없지만, 이 순간만큼은 농구를 통해 느끼는 짜릿한 흥분과 피할 수 없는 가슴 아픈 순간을 다른 사람들과 함께 나누기 위해 토론 게시판에도 참여한다. NCAA 마치 매드니스(미국의 대학 농구 시즌을 정리하는 토너먼트 대회 • 옮긴이)는 내게 겨울이 곧 끝나고 모든 것이 잘 될 거라는 신호가 되었다.

새로운 계절을 축하하는 종을 울리거나 한 해의 새로운 주기를 기념하는 특정한 축일을 기리는 것 외에도, 자연을 다른 기념일에 통합할 방법을 생각해 보자. 영국에서 내 결혼식을 축하할 때, 부모님은 하객들에게 하이킹 부츠나 실용적인 워킹화를 가져오라고 부탁하셨다. 파티가 8월에 열렸기 때문에, 그 시기를 축제의 일부로 만들고 싶었다. 케이크가 나오기 전에 우리는 부모님 집 뒤쪽에 있는 숲으로 긴 산책을 했다. 함께 산책을 하면 식탁에 둘러앉아 있을 때처럼 부담 없이 쉽게 대화를 나눌 수 있다. 이렇듯 산책을 통해 다른 사람과 자연스럽게 대화를 이어갈 수 있다. 반대로 그냥 혼자만의 시간을 가질 수도 있다. 산책하며 보는 풍경이 축하에 생기를 불어 넣을 것이다.

현대의 계절 축하 행사를 만들기 위해 고대 전통에서 얻어야 할 것들이 많지만, 이미 이런 작업을 하고 있는 공동체와 리추얼도 있다. 음력 날짜를 중심으로 모이는 여성, 남성, LGBTQ(성소수자 중 레즈비언Lesbian, 게이Gay, 양성애자Bisexual, 트랜스젠더Transgender를 합하여 부르는 단어•옮긴이) 그룹이 점점 많아지면서, 함께 모여 친밀감과 교감을 나누는 자리를 마련하는 것에 규칙적인 리듬이 생겼다. 전통에 기초한 이런 그룹 가운데 하나인 '앳 더 웰At the Well'은 웰니스 교육과 유대적 영성을 통해 여성을 신체, 영혼, 공동체와 연결시킨다. 사라 왁스먼과 그녀의 팀은 주기적으로 돌아오는 달의 영광이 모두 담긴 히브리력을 되살려서 새롭게 반복되는 '신월제'(새달이 뜬 뒤의 첫 번째 날•옮긴이)를 기린다. 매달 모임을 갖는 전국의 '웰 서클Well Circle'은 여성들이 서로 연결되고, 배우고, 이야기를 나눌 수 있는 공간을 제공한다. 이 공동체는 매달 전 세계 여성 리더들에게서 수집한 고무적인 이야기, 창의적인 훈련법, 요리법, 시 등이 가득 채워진 새로운 매뉴얼을 만들어서 모임에 참석하는 이들이 사용할 수 있게 한다.

매사추세츠주 서머빌에 있는 '아티전스 어사일럼Artisan's Asylum' 같은 공동체는 자체적인 공동체 달력을 만들기 위해 전통적인 연례 축제를 응용한다. 매년 보석 제작자, 3D 프린트 예술가, 나무 세공인, 그리고 추수감사절 기간 동안 제작자 공간을 활용해서 '메이커기빙'을 기념하려는 다른 예술가들이 모인다. 각자 요리를 한 가지씩 가져오는 것은 물론이고, 한 해 동안 공유 작업 공간에서 만든 작품을 가져와 테이블에 추가해서 진정한 창의력의 향연을 만든다. 가을은 이 예술가들에게 새로운 의미를 부여한다. 이는 지난해의 작업물을 보여주면서 축하하는 시간이다.

물론 이런 축하 행사의 힘은 한 번으로 발휘되지 않는다. 계절을 기념하는 지혜는 해가 바뀔 때마다 다시 그 계절로 돌아가는 것이다. 그 과정에서 이전에는 알아차리지 못했던 것들을 자연 속에서 발견하게 된다. 5월제가 다가오고 있다는 걸 알려주는 특정한 봄꽃을 주시할지도 모른다. 태양이 전주보다 낮아진 걸 깨닫고 추분이 다가오고 있다는 걸 기억할 수도 있다. 썩어가는 나뭇잎이나 갓 베어낸 풀 냄새, 길어진 그림자나 아기 사슴의 모습, 오색방울새가 지저귀는 소리나 넘실대는 개울 소리 등은 모두 우리가 자연의 순환 속에서 어디쯤 있는지 알려준다. 어쩌면 본인만 알아차릴 수 있는 자기만의 징후가 있을지도 모른다.

우리가 매년 치르는 기념행사는 주변에 주의를 기울이면서 계절적인 시간을 지키도록 상기시킨다. 당신이 자리에 없어도 자녀나 친구, 가족이 그 순간을 기리기 시작하면 그 전통이 주변에 깊숙이 스며들었다는 걸 알 수 있다. 예를 들어, 나는 어릴 때 성 금요일(예수가 십자가에 못 박혀 죽은 일을 기념하는 날•옮긴이)마다 바흐의 '마태 수난곡'을 들으러 갔는데, 가족들과 멀리 떨어져 사는 지금도 부활절이 다가오면 이 세 시간짜리 웅장한 클래식 음악을 적어도 한 번은 들으려고 한다. 그렇게 하지 않으면 뭔가 잘못된 듯한 기분이 들기 때문이다.

자연을 축복하는 방법

자연과 연결되는 것은 네 가지 연결 중에서 내게 가장 어려운 일이다. 난 도시에 살고 있기 때문에 이곳에 건설된 환경에서 벗어나려면 많은 노력이 필요하다. 매일 아침 내 방 창문 아래를 걷는 관광객 무리 때문에 아침 햇살의 빛에 집중하기가 어렵다. 그래도 의식적으로 애쓴다면 장거리 여행이나 숨 막히는 경치 없이도 자연 그대로의 아름다움으로 돌아갈 수 있다. 예를 들어, 내 방 창문 밖으로 보이는 하버드대학 야드 중앙에 나무가 한 그루서 있다. 그 나무는 키가 가장 큰 것도 아니고 잎이 가장 무성한 것도 아닌 평범한 나무다. 하지만 나는 이 나무를 도시의 시멘트와 건축물 한가운데에 서 있는 아름다움과 야생성의 증거로 생각하게 되었다. 매일 아침 명상 쿠션에 앉을 때면 마지막 1분 정도는 그 나무만 계속 바라본다. 나는 그 나무에 약간 반한 상태이기 때문에, 여행을 가거나, 호텔 방에서 명상을 하거나, 친구들과 함께 지낼 때도 그 나무가 떠오를 정도다. 매일 아침 나무에 주의를 기울이다 보니, 시간이 흐르는 미묘한 징후를 알아차릴 수 있다. 계절을 축하하는 것처럼, 매일 이 나무를 보는 것만으로도 리듬이 느껴진다.

자연을 관찰할 때는 그것을 어떻게 바라보느냐에 따라 많은 것이 달라진다. 장소(죽은 공간)를 보는지, 아니면 살아있는 우주(가능성이 살아 숨쉬는 풍경)를 보는지에 따라서 말이다. 이렇듯 외부 세계는 알려지지 않은 나의 내적 풍경에 대한 은유가 된다. 때로 칙칙한 잿빛 아침의 비에 젖은 벌거벗은 나무는 내가 아직 적합한 단어를 찾지 못한 방식으로 내 슬픔에 말을 건다. 내 눈에는 그 나뭇가지에 앉아있는 새가 보이는데, 새는 왔다 갔다 흔들리는 내 뇌처럼 앞뒤로 움직인다. 이렇게 우리는 자연을 마치 신성한 텍스트처럼 바라볼 수 있으며, 하나의 창문을 통해 그 경치를 몇 번이고 '다시 읽으면서' 새로운 연결, 새로운 의미를 찾기도 한다.

실내나 계단에 놓을 수 있는 식물을 사서 이파리의 잎맥에 시선을 집중하는 것도 하나의 방법이다. '패터니티Patternity'의 공동 설립자인 안나 머레이는 이걸 가리켜 '미시적 묵상'이라고 부른다. 아니면 지구의 자연적인 리듬으로 돌아가기 위해 낮부터 해

질 녘까지 하늘이 변하는 모습을 지켜볼 수 있는 장소를 찾아 거시적인 묵상을 할 수도 있다.

존 오도노휴는 세상의 아름다움에 관심을 기울이면 내면의 신성함이 자란다고 했다. "아름다움은 저 너머에서부터 나에게 말을 건다. 그리고 이미 내 안에 존재하는 저 너머의 감각과 공명하기 때문에 나의 관심을 완전히 사로잡는다. 그런 의미에서 아름다움은 이상적인 방문이다. 그리고 내 안의 '다른 곳'에 즉시 정착한다."

안네 프랑크가 숨어 살던 비밀 공간에서 작은 안뜰을 내다본다고 생각해 보자. 그녀는 나치의 위협과 이웃의 배신이 점점 다가오는 2년 동안 하늘과 새, 밤나무가 있는 작은 마당을 바라보면서 무너지지 않고 어떻게든 아름다운 내면의 삶을 유지할 수 있었다. 이것이 인간이 자연과 연결되어야 하는 이유 중 하나다.

콘크리트의 제약 속에서 자연을 관찰하는 이 훈련은 예리한 안목을 키우는 데 도움이 된다. 중학교 생물 시간에 사방 1미터짜리 정사각형 철사를 나눠주면서, 그 안에서 얼마나 많은 식물 종을 찾을 수 있는지 세어보라고 했다. 풀잎 하나하나가 갑자기 중요해졌다. 데이지, 민들레, 마늘 냉이, 엉겅퀴 등 새로운 세계가 열렸다. 심지어 무당벌레와 왜가리도 날아다닌다. 이 방법을 이용하면 주변에 봄이 오고 있는지 알려주는 나무가 한 그루도 없을 때도 자연에 주목하는 법을 배울 수 있다. 당신 눈에 보이는 계절의 증거를 마음껏 즐기자. 18세기에 살았던 브레슬로프의 랍비 나흐만의 말처럼, 평범한 잔디밭에서 자라는 풀 한 포기도 우리 마음을 일깨울 수 있다.

굳이 자연을 찾아 밖으로 나가지 않아도 된다. 집을 떠나지 않고서도 자연을 우리에게 끌어들이는 방법이 있다. 내 어머니는 계절이 바뀔 때마다 집 현관 통로에 놓여 있는 작은 탁자를 장식하셨다. 예를 들어, 초가을에는 버섯을 놓아두기도 하는 등 해당 계절을 반영하는 책이나 그림을 장식하곤 했다. 봄에는 집에서 만든 부활절 달걀과 함께 긴 나뭇가지를 꽂아뒀다. 핼러윈 무렵에는 커다란 호박이 테이블을 장식했고, 12월에는 상록수와 호랑가시나무로 만든 거대한 크리스마스 트리가 등장한다. 요즘에는 분홍색 라넌큘러스, 흰색 모란, 키가 큰 풀, 스위트피 같은 꽃과 푸른 식물로 자연의 테이블을 꾸민다. 이것들 또한 지나가는 계절의 리듬을 알려준다. 직접 꺾은 꽃으로 만든 소박한 꽃다발 하나가 스코틀랜드 작가 리처드 할로웨이가 묘사한 감각, 즉 '많은 이들이 떨쳐버리지 못하는 감각, 설명할 순 없지만 마치 우리가 온다는 걸 우주가 알고 있었던 듯한 감각'을 불어넣을 수 있다는 걸 깨달았다. 어쨌든 우리는 우주에 속해 있으며, 자연의 아름다움을 목격하는 것은 마치 귀향이라도 한 것처럼 우리 삶에 완성감과 안정감을 안겨준다.

인간관계를 이해하는 네 가지 세계관

내가 여덟 살 혹은 아홉 살쯤 되던 어느 날, 학교에서 집에 돌아온 나는 어른들 12명이 우리 집 뒷마당에서 당근인 척하고 있는 모습을 보았다. 그들은 처음에는 몸을 최대한 작게 웅크린 채로 바닥에 앉아 있다가 서서히 몸을 일으켜 발끝으로 똑바로 섰다. 어머니의 친구이자 헝가리계 이스라엘인인 주트카 하스타인이 그들을 이끌고 있었다. 그녀가 요리 교실을 열고 싶어 해서 어머니가 우리 집 부엌을 빌려준 것이었다. 그곳에 모인 십여 명은 '굴라시(고기에 파프리카를 넣은 헝가리 스튜 요리·옮긴이)와' 완벽한 채소 버거 만드는 법을 배우려고 온 것이다(우리 가족은 25년이 지난 지금도 그들에 대해 이야기한다). 주트카의 천재성은 재료를 전혀 낭비하지 않는다는 점에서 드러난다. 채소 껍질은 내일 먹을 수프 국물이나 상큼한 스무디가 되었다. 이런 사고방식을 가르치기 위해, 그녀는 요리 수업을 시작할 때 칼 사용법이나 음식을 만들 때 적정한 불의 세기를 설명하는 것이 아니라, 모든 사람들이 음식 재료를 구현해보기를 원했다. 학생들은 당근이 제공하는 영양가 있는 선물을 완전히 이해하기 위해 당근의 생애 주기를 몸으로 표현해야 했다. 그래서 우리 집 정원에서 단체로 그런 행동을 하고 있었던 것이다.

이런 실습이 보여주는 것은 21세기에는 이해하기 어려울 수도 있는 핵심 패러다임의 변화다. 지금까지 우리는 인간의 신체에서 자연계로 연결하는 데 도움이 되는 방법을 알아봤다. 하지만 이 마지막 실습은 우리에게 다른 것을 느껴야 한다고 요구하고 있다. 나 자신을 자연과 분리된 존재가 아닌 자연 그 자체라는 사실을 받아들이고 이해하라는 것이다.

훌륭한 불교 환경 운동가인 조안나 메이시는 "내가 대담하게 세상을 사랑한다면, 세상 자체가 나를 통해 행동한다"고 설명한다. 또 "나에게 순수하거나 완벽해지라고 요구하지 않고, 내가 모든 열정으로부터 벗어날 때까지 기다리는 것이 아니라, 가장 깊은 열정의 달콤하고 순수한 의도를 이용하려고 할 뿐이다"라고도 말한다. 그녀는 자연 세계와 인간의 관계를 이해할 수 있는 네 가지 세계관을 소개한다. 그중 두 가지 세계관은 오늘날 사람들의 생각을 지배하고 있고, 다른 두 가지 세계관은 우리가 자신을 이해하는 방법을 완전히 바꾸고 파괴적인 인류의 행동을 변화시킬 수 있다.

첫 번째 세계관은 세상을 선한 세력이 악한 세력과 싸우는 전쟁터로 여기는 것이다. 이런 마음가짐으로 바라보는 지구는 인간의 욕망을 충족시키기 위해 채굴되고 형성되어야 하는 자원이다. 자연경관은 인간 드라마의 배경이며, 어떤 피해가 발생하더라도 그건 더 큰 목적을 이루려는 과정에서 생긴 불행한 외부 효과일 뿐이다. 신문 헤드라인에서 본 내용을 떠올리거나 수많은 비즈니스 리더와 정책 입안자들이 말하는 방식을 떠올려보자. 이런 관점에서는 '환경'을 보존하는 것은 경제를 성장시킨다는 목표와 상충되기 때문에 불행히도 노천 채굴, 시추, 폐기물 투기 등이 꼭 필요했다. 이 프레임의 소규모 버전은 우리 삶을 자연 세계와 구별된 것으로 바라보는 시선이다. 예를 들어, 휴가 기간에 멋진 자연경관이나 풍경을 보러 다닐 수도 있지만, 대체로 자연은 인간과 아주 멀리 떨어진 '저 바깥에' 존재하는 것이다.

메이시가 찾아낸 두 번째 세계관은 세상을 함정으로 여기는 시선이다. 여기에서는 물리적인 현실에 대한 모든 애착이 인간의 위대한 영적 여행에 방해가 된다. 오로지 '고상한 의식'에만 초점을 맞추면서 세속적인 현실을 외면하는 자의식 강하고 영적인 사람들을 생각해 보자. 이 프레임은 비물리적인 영역이 가장 현실적이라는 플라톤 전통의 단순한 해석을 따른다. 지구는 개개인의 깨달음을 위한 아름다운 배경일 뿐이다. 불교 형이상학에서도 자세히 살펴보면 이치에 잘 맞지 않는다. 부처는 세상과의 분리가 아니라 자아로부터의 분리를 가르쳤다. "우리가 의존하는 어떤 것에서 벗어나려고 하면 그것과 애증 관계가 생긴다. 이것은 파괴와 소유라는 이중적인 욕망에 불을 붙인다." 메이시는 자신의 저서 《연인으로서의 세계, 자아로서의 세계World as Lover, World as Self》에서 이렇게 설명했다.

이 두 가지 사고방식이 현실의 많은 부분을 형성한다. 열대 우림과 강을 산업적으로 이용하지 못하도록 보호하기 위해, 환경 운동가들은 이 '자산'의 경제적 가치를 입증해서, 성장에 집착하는 경제 시스템이 그걸 가치 있는 것으로 여기도록 해야 한다. 자연이 인간의 필요를 충족시키기 위해 존재한다고 여기거나 자연을 성공의 장애물로 생각한다면, 결국에는 파괴하게 된다. 그리고 모든 사물의 상호 연결성을 이해하지 못한 채 개개인의 영적 성장에만 초점을 맞춘다.

메이시가 말하는 세 번째 세계관은 세상을 연인으로 여기는 것이다. "세상을 연인으로 여긴다면 모든 존재와 현상은 지속적인 성적 충동의 표현이 될 수 있다." 나무 사이로 불어오는 바람이 우리의 이름을 속삭인다. 찰랑거리는 파도가 우리 피부를 애무한다. 저 순례자가 마시는 차는 땅이 보낸 연애편지다. 이것은 도전적인 개혁이 될 수 있다. 배우자와 너무 오랫동안 떨어져 있는 파트너처럼 지나치게 친밀하고 대립적인 느낌을 주기도 한다. 이런 사고방식은 자연과 다시 사랑에 빠지는 방법을 가르쳐주기 때문에 자연과 훨씬 자주 접하게 된다.

2008년에 나는 운 좋게도 북극해 얼음이 녹았을 때의 영향에 대해 알아보기 위해 세계야생생물기금과 함께 북극으로 열흘간 항해 여행을 떠나는 스무 명의 젊은이 중 한 명으로 발탁되었다. 물론 그전에도 북극 지방에 대해 들어본 적이 있었고, 거대한 빙산이 녹으면 전 세계 해수면이 상승한다는 것도 막연하게 알고 있었다. 과학자들의 강의를 듣고 현장 방문을 통해 변화를 직접 파악하기도 했지만, 내 관점에 정말 큰 영향을 미친 건 눈 속에서 놀고 있는 북극곰을 본 일이었다. 지나치게 따스한 태양이 내리쬐는 배의 갑판 위에 티셔츠 차림으로 서 있는 동안, 나는 작은 보라색 꽃부터 거대한 얼음 빙하에 이르기까지 북극의 모든 것과 완전히 사랑에 빠졌다. 북극에서 돌아올 때쯤에는 기후 과학을 확실히 이해하게 됐다. 뿐만 아니라 수십 년 안에 완전히 사라질 이 소중한 풍경에 대한 본질적인 사랑으로 가득 차게 되었다. 스탠딩 락에 사는 미국 원주민과 캐나다 원주민들이 자신들의 땅을 지나가는 다코타 액세스 송유관 건설을 일시적으로 중단시키면서 자신을 '반대자'가 아닌 '보호자'라고 칭했다는 것도 생각해볼 만한 일이다. 그들은 그 땅의 고유한 가치를 보호하고 있다.

호주와 캐나다에서는 공개 행사를 열 때 자신들이 모이는 곳이 원주민들의 땅이라는 걸 인정하는 것부터 시작하는 게 일반적이다. 미국은 길고 고통스러운 토지 몰수의 역사를 가지고 있는데, 이로 인해 원주민들은 땅과 자유로운 이동 권한을 빼앗겼을 뿐만 아니라 자기들이 살던 장소나 정체성과의 풍요로운 영적 연결도 파괴되었다. 풀뿌리 행동 네트워크인 미국 예술문화부는 마을 회관, 업무 회의, 심지어 결혼식 같은 모임에서도 원주민들의 땅에 경의를 표한다. 그리고 나는 '우리는 어떻게 모이는가' 회합을 시작할 때마다 원주민의 땅에 경의를 표하는 말을 하는데, 그 결과 다들 자기가 방문하는 장소와 관계를 맺는 방식이 달라졌다. 이런 행사를 할 때 잠시 짬을 내서 그 장소와 그곳에서 살아온 사람들에 대해 얘기하면, 행사의 의미가 더 깊어지고 보다 넓은 맥락에서 바라볼 수 있다. 물론 종교와 문화적 전통은 오랫동안 자연을 숭배해 왔다. 탄자니아의 차가 부족은 킬리만자로산을 숭배하고, 고대 그리스에는 올림포스산이 있었다.

최근에는 수백만 명의 사람들이 BBC 텔레비전 시리즈인 〈플래닛 어스〉와 〈블루 플래닛〉을 보고 자연계에 빠졌다. 놀라운 카메라 촬영이 세상의 숨겨진 구석구석을 단순한 관심사 이상의 수준으로 되살린다. 식물과 동물이 사람들의 마음을 뒤흔들어 애정과 보호 본능을 느끼게 한다. 이런 경건함과 유대감을 일깨우는 프로그램을 보면, 거기서 얻은 깊은 위안을 기억하기 위해 일기를 쓰거나 의식적으로 호흡하면서 그 느낌을 붙잡으려고 애써보자. 만약 애완동물을 기른다면 당신의 개, 고양이 또는 다른 동물에게 느끼는 사랑을 모든 동물과 생물로 확장해보자.

메이시가 소개하는 네 번째이자 마지막 세계관은 세상을 자아로 여기는 것이다. 자연은 더 이상 인간 바깥에 존재하는 어떤 것, 인간이 동경하거나 사랑하는 풍경 같은 것이 아니라 인간은 곧 자연이며, 세계 그 자체다.

위대한 환경운동가 존 시드는 이런 말을 했다. "내가 열대우림을 보호하는 게 아니라는 사실을 기억하려고 노력한다. 나는 스스로를 보호하는 열대우림의 일부다. 최근에 인간의 사고방식에 나타난 열대우림의 한 부분이다." 이런 식으로 생각하는 것은 불안정하긴 하지만, 나는 누구나 이런 식의 경험을 한 적이 있을 거라고 생각한다. 밤하늘을 바라볼 때 순간적으로 드는 집에 있다는 느낌, 광대한 풍경 속에서 하찮은 존재가 된 듯하면서 동시에 우주 그 자체만큼이나 거대해진 듯한 신비로운 느낌 같은 것 말이다. 메이시는 사람들이 바로 그런 세상에서 살기를 바란다.

이렇게 정체성이 변하는 과정에서, 고립된 '나'를 벗어나 '나의 본질에 관한 더 넓은 감각'을 받아들인다. 이런 세계관을 '심층 생태주의'라고 하는데, 주트카가 요리 교실 학생들에게 당근 흉내를 내도록 해서 가르치던 것이 바로 이것이다. 자연계를 물리적으로 구현하면 사고방식에 변화가 생겨서, 더 큰 우주적 지혜 안에서는 우리가 당근이라는 사실을 상기하는 데 도움을 준다.

주의하지 않으면, 기름 유출이나 굶주린 야생 북극곰이나 최근의 극단적인 멸종에 관한 글을 읽을 때 느끼는 슬픔을 금방 망각하게 된다는 걸 안다. 나는 유엔 기후 변화 목표를 중심으로 젊은 이들을 결집시키기 위해 3년간 상근으로 활동하면서 얻은 고통이 너무 심했기 때문에, 결국 번아웃을 겪게 되었다. 그렇게 감정적으로 개입한 것이 바보 같긴 하지만 어떻게 피할 수 있겠는가? 자연계에 대한 의식이 깊어질수록 기후 패턴이 정신없이 변하고 물 부족, 식량 위기, 기후 난민 같은 문제를 오랫동안 겪게 되더라도 천년쯤 지나면 지구 자체가 안정될 것이라는 사실을 알기에 약간 위안을 느낀다. 물론 안타깝게도, 인류라는 종이 생존할 수 있을지는 완전히 별개의 문제다.

인간이 지배하는 문화권에는 이런 환경적 불안과 슬픔을 위한 자리가 거의 없으며, 우리는 타고난 공감을 차단하고 자신을 주변과 분리하는 법을 배운다. 환경 운동가인 폴 셰퍼드는 〈생태학과 인간Ecology and Man〉이라는 논문에서, 이것은 인간의 선천적인 생물학적 구조에 역행한다고 설명한다. "인간의 사고 형태나 언어는 우리 자신과 식물, 동물을 고립된 사물, 억제된 자아로 여기도록 부추기지만, 사실 피부 표피는 생태학적으로 섬세한 상호 침투가 이루어지는 껍질이 아니라 연못 표면이나 숲의 토양과 비슷하다." 우리가 경계라고 배운 것이 사실은 연결의 관문이다. 이런 관점과 다시 연결되기 위한 간단한 방법은, 존 시드의 모델처럼 "나는 연못이고, 연못은 나다." 혹은 "내 가지 사이로 움직이는 바람이 차갑게 느껴진다." 등 자기가 말하는 풍경이라도 된 것처럼 주변 풍경을 말로 표현하는 것이다.

세상이라는 집에 있는 것

당신에겐 이미 자연과 연결되는 자신만의 방법이 있고, 이런 실천이 당신의 영적인 삶을 깊고 풍요롭게 할 수 있다는 것을 믿어 의심치 않는다. 어쩌면 암벽 다이빙을 하거나 모닥불 주위에 둘러앉아 공기, 땅, 물, 불 등 세상을 구성하는 요소들을 찬양하는 데 집중할 수도 있다. 아니면 집에서 그런 요소들을 기리는 공간을 만들 수도 있다. 양초에 불을 켜고, 목욕을 하고, 의식적인 호흡 연습을 하고, 화초를 가꾸는 것이다. 음력설을 쇠거나 칠석을 기념해 소원을 쓴 종이를 대나무에 매달 수도 있다. 크리스마스에 산책하러 가거나 '욤 키푸르(유대교의 속죄일·옮긴이)' 전날 물에 몸을 담글지도 모른다. 개를 산책시키거나 달리기를 할 때 특정한 나무를 찾아갈 수도 있다. 정원 가꾸기나 꽃꽂이를 시작할지도 모른다. 가장 좋아하는 조개껍데기, 깃털, 돌, 압화 등을 이용해 자기만의 자연 식탁이나 제단을 만들 수도 있다. 이미 하고 있거나 앞으로 해보고 싶은 리추얼이 무엇이든 간에, 당신에게 영감을 안겨줄 주변 풍경을 잘 이용하자.

또 자기만의 정신적 성지를 생각해볼 수도 있다. 당신은 어디 출신인가? 가족의 역사가 가장 많이 남아 있는 곳은 어디인가? 당신의 성격을 규정 지은 장소는 어디인가? 힐링 여행을 떠날 수도 있고, 그냥 일주일에 한 번씩 긴 산책을 하러 다니기 시작할 수도 있다. 위대한 길을 따라 걷거나 그냥 뒷문을 열고 세상으로 나가 언제 어디서든 순례를 떠날 수 있다. 어쩌면 당신이 순례하는 곳이 할머니 댁 뒷마당이나 바다, 과수원, 도시 한가운데에 있는 작은 공원일지도 모른다. 혹은 사랑하는 사람을 방문하기 위한 여행을 순례 여행으로 바꿀 수도 있다. 내 순례를 이끌어준 월

파슨스의 말처럼, "우리의 정신적 지형은 모두에게 열려 있다."

　당신은 지금 있는 곳에 계속 머물 수도 있고, 지구상의 어떤 장소를 찾아 거기에서 하늘을 올려다보면서 그곳이 자기 집이라는 걸 깨달을 수도 있다.

THE

POWER

제 4 장

초월자와의
연결을 위한 리추얼

OF

RITUAL

THE POWER OF RITUAL

내가 처음으로 경험한 진짜 직업은 동네 술집에서 설거지를 하는 것이었다. 주말마다 이 일을 하면 애거사 크리스티의 새로운 살인 미스터리, 젤 펜 몇 자루(좋은 향기가 나는 것으로), 잡지, 그리고 엄청난 양의 초콜릿을 살 수 있을 만큼의 돈을 벌었다. 매주 소소한 쇼핑을 즐기면서 슈퍼마켓, 고급 사운드 시스템 매장, 그리고 가장 좋아하는 '비트윈 더 라인즈'라는 상점 앞을 지나다녔다. 열세 살인 내가 보기에 이 상점은 어른들의 여가 생활이 제공하는 모든 걸 상징했다. 그러니까 근사하지만 실제로 쓸모는 없는 라탄 바구니라든가 양초, 덴마크에서 디자인한 쿠션, 그리고 무엇보다 다양한 스파 음악과 에센셜 오일 같은 것들 말이다.

용감하게 매장 안으로 들어가기까지 1년이 걸렸다. 그때도 들어가기 전에 진열창 앞을 세 번이나 지나갔다. TV에서 온천 리조트 광고를 본 적이 있는데, 그곳은 내가 소년 시절에 살았던 호르몬이 넘쳐흐르는 기숙사와 대조되는 궁극적인 평화와 안전의 안식처라고 생각했다. 나는 광고에 나오는 목욕 가운을 입은 장면을 내 침실에서 재현하고 싶었다. 그래서 파헬벨의 '캐논' 곡조와 파도 소리가 어우러진 CD와 라벤더 향 에센셜 오일을 샀다. 그 오일을 정확히 어떻게 사용해야 하는지는 잘 몰랐지만 방법을 찾을 수 있을 것 같았다.

집에 돌아가 음악을 틀어놓고 바닷소리를 들으면서 손바닥에 오일을 문질렀다. 주변에 나 혼자 있는지 확인하고 눈을 감았다. 똑바로 서서 상의를 벗고 공기를 마사지하듯이 양손을 몸 표면 바로 위에서 움직이다가 심장에 손을 올렸다. 눈물이 핑 돌자더 이상 참을 수가 없었다. 그래서 울었다. 한참 동안. 그 순간 딱히 슬펐기 때문이 아니라, 슬픔을 느꼈던 '내가' 나보다 훨씬 큰존재로 녹아들어서 인간의 삶에 존재하는 거대한 고통과 슬픔을모두 담을 수 있게 되었기 때문이다. 바다 소리와 라벤더 향기는나이면서 동시에 내가 아닌 더 큰 존재를 시사했는데, 그건 내 눈물에도 움찔하지 않았다. 이유는 설명할 수 없지만, 우주가 내 고통의 깊이를 알고 있고 왜 그런지 모든 게 괜찮을 거라는 느낌이들었다.

많은 이들이 이런 경험을 한 적이 있을 것이다. 나와 저 너머의어떤 존재를 연결해주는 다리가 나타났다고 느끼는 순간이 있다. 그 다리는 내가 때때로 다시 실행하지만 결코 남에게 얘기하지는 않는 직접 만든 리추얼을 행할 때 나타날 수 있다. 그런 순간이 신비롭게 느껴지는 이유는 벌어진 일을 합리적으로 설명할 수 없기 때문이다. 그래서 그 순간에는 특별하고 심지어 신성한 기분까지 들지만, 나중에는 당황하고 불편해진다. '도대체 내가 뭘 한 거지? 난 그런 거 안 믿어. 내 아우라를 마사지했다고?! 그런 얘긴 아무한테도 하지 말자. 절대로!' 매우 당황스러울 수 있다. 이런 상황에 빠지면 자신을 통제할 수가 없다. 자신의 힘을 넘겨주고 모든 걸 놓아버린 다음, 나중에 브레네 브라운이 '취약성 숙취'라고 말한 상태로 돌아가게 된다.

나는 이런 순간을 기도로 이해하는 법을 배웠다. 항상 기도라는 단어에 의심을 품어 왔지만, 이제 기도 연습이 아름답고 강력하며 어쩌면 내 너머에 존재하는 것들과 깊은 연관성을 느끼는 데 필요할지도 모른다는 걸 알게 되었다.

무의식의 자아를 끌어내는 기도

나는 항상 기도가 종교에서 가장 우스꽝스러운 요소라고 생각했다. 하늘에 있는 마법의 자동판매기에 가서 신에게 원하는 것을 요구한다는 게 터무니없는 일 같았다. 사람들이 '기도는 치유될 것'이라면서 자기 생명을 구해줄 약을 먹지 않는다는 얘기도 들었고, 부모가 자녀에게 "게이를 멀리하도록 기도하라"고 말했다는 글도 읽었다. 기도는 단순히 우스꽝스러운 수준으로 끝나는 게 아니라 노골적으로 해로워 보였다. 기도는 질병이 어떻게 퍼지고 날씨 패턴이 어떻게 바뀌는지 이해하지 못하던 시대에 속해 있다. 한마디로 말해 기도는 바보들을 위한 것이었다.

하지만 이제는 다르게 이해하게 되었다. 기도는 천상의 주크박스가 아니다. 그리고 단순히 자기가 원하는 걸 요구하는 것도 아니다. 침대 옆에 무릎을 꿇고, 손바닥을 맞대고, 고개를 숙인 상태에서 얘기한 말에만 국한되지도 않는다. 기도 연습은 사람들이 실제로 느끼고 생각하는 바를 알아차리고 그에 대한 진실을 얘기하면서 무의식 속에 감춰져 있던 것들을 열린 자각으로 끌어낸다. 정신의학자 겸 종교학자인 앤 울라노프와 재즈 비평가 배리 울라노프는 이런 기도를 '원초적 언어'라고 부른다. 그들은 "누구나 기도한다"고 썼다. "기도하는 것은 곧 말하는 자기 자신에게 귀를 기울이는 것이다. 기도를 하면서 자기가 누구인지 말한다." 기도는 자신의 마음이 진실이라고 알고 있는 것, 즉 모든 사람의 내면에 깃든 깊은 사랑과 갈망을 듣는 것이다.

러시아 정교회 작가 앤서니 블룸은 "진정한 기도란 주변 사물이 이전에는 결코 인식해본 적 없는 깊이로 갑자기 자신을 드러내거나 갑자기 자기 내면의 깊이를 발견하는 과정이다"라고 말한다. 이 경험은 깜짝 놀랄 정도의 자유를 안겨준다. 그리고 그는 "소유로부터 자유롭다는 느낌을 주며, 이 자유는 인간적인 사랑과 신적인 사랑 등 모든 것이 사랑으로 이루어진 관계 안에 자리를 잡게 해준다"라고도 말했다. 블룸은 자기가 무슨 말을 하는지 잘 알고 있었다. 이란과 러시아에서 자란 그는 제2차 세계대전 당시 프랑스 육군에 소속되어 최전방에서 외과 의사로 일했다.

기도는 더 큰 사랑을 향해 나아가는 길이다. 그것은 '인간적인 사랑'과 볼륨이 말한 '신적인 사랑'을 융합시키지만, 당신은 이 말을 마음에 드는 다른 표현으로 바꿀 수 있다. 내 경우에는 근본적으로 신비롭고 영원히 언어를 초월하는, 나 자신보다 더 크고 위대한 무언가에 대한 감각이다. 기도를 한다는 것은 계속해서 이 사랑의 길로 되돌아가는 것이다. 블룸은 자신의 저서《기도의 시작Beginning to Pray》에서, "우리의 삶은 충만하기 때문에 그 이상은 있을 수 없고, 성취감과 온전함을 찾았으며, 탐색의 끝에 도달했다고 생각할 수도 있다. 하지만 항상 더 많은 것이 있다는 걸 배워야 한다"고 말했다.

그렇다면 기도 연습은 어떻게 해야 할까? 당신은 이미 하고 있을 가능성이 있다. 본 장에서는 네 가지 유형의 기도, 즉 '찬양', '회개', '감사', '간구'의 기도에 대해 알아볼 것이다. 굳이 이런 구식 표현을 골라 쓴 이유는, 우리가 이전 세대들이 잘 다져놓은 길을 따라가고 있다는 걸 알면 기분이 좋아지기 때문이다. 물론 현대적인 관행을 고대의 낡은 정의를 이용해 정당화해야 한다는 얘기는 아니다. 단지 종교적인 전통에 갇혀 있는 보물 속에서 가치 있는 지혜를 되찾은 또 다른 사례라는 뜻이다.

성 요셉 수녀원의 수녀인 캐롤 진은 오랫동안 가톨릭 수녀로 살아온 똑똑하고 유능하고 유쾌한 여성이다. 이 친구가 내게 네 부분으로 구성된 이 기도 방법을 가르쳐줬고, 그 이후 내 아침 루틴의 기초가 되었다. 당신도 샤워를 하거나 버스를 타고 가거나 명상 쿠션에 앉아 있거나 잠들기 전에 이 네 단계를 따라 진행해 보라. 일기장에 글을 쓰거나 친구와 함께 그림 작업을 할 때도 할 수 있다. 실내에서든 실외에서든, 원하는 대로 할 수 있다. 기도 연습을 구체화하는 방법은 백만 가지도 넘는다. 내가 알려주고 싶은 건, 당신이 이미 하고 있는 일들과 연결시켜서 그 기초를 탄탄히 다지고 심화시키는 동시에 우리보다 더 큰 무언가와 깊은 연관성을 찾을 수 있는 틀이다.

더 큰 무언가와 연결되는 찬양

아이러니하게도 더 깊은 자각을 위한 첫 번째 단계는 자기 성찰과 관련이 없다. 나 자신에게서 철저히 멀어져 개인적인 경험을 분산시키고, 자신보다 큰 무언가를 섬기거나 그 일부가 되기 위해 노력하는 것이다. 1장에서 살펴본 연결의 첫 번째 단계가 자신과 깊이 연결되는 것이라면, 이 연습은 위대한 타자와 연결되는 것이다.

당신은 음악 축제나 거리 시위, 스포츠 경기장 한가운데에서 이런 집단의식을 경험했을지도 모른다. 세상을 바라보는 관점이 바뀔 정도의 묵상 경험을 하거나, 마음챙김 또는 명상 수련을 했을 수도 있다. 심지어 아주 작은 공간도 자기보다 큰 무언가와 연결되도록 도와줄 수 있다. 나는 지금의 아파트로 이사하기 전에 멋진 하우스메이트 3명과 함께 살았다. 따라서 그 집에서 내가 혼자 있다고 확신할 수 있는 유일한 장소는 겨울 외투를 보관하는 먼지투성이의 벽장뿐이었다. 그곳의 공구상자와 스노우부츠 더미 사이에 명상 쿠션을 갖다놨다. 그리고 트로우브리지 거리에 살았던 2년 동안, 아침에 일어나자마자 그 벽장에 들어가 음악을 들으면서 명상을 하곤 했다. 제이콥 클레멘스 논 파파의 '에고 플로스 캄피Ego flos campi' 같은 16세기 '모테트motet(목소리만으로 연주하는 짧은 교회 음악•옮긴이)' '아르보 패르트Arvo Pärt'의 귓가를 맴도는 '거울 속의 거울Spiegel im Spiegel' 같은 현대적인 곡들이 나를 기도의 시간으로 이끌었다. 두 곡 모두 천상의 음악 같은 특성을 지니고 있어서 '더 많은 것'과 연결되면서 평온함을 느끼게 해준다. 내가 다른 사람들을 치유하는 기도의 힘을 무시하긴 했지만, 이런 시간을 의도적으로 갖는 것이 건강상으로 많은 이점이 있다는 증거가 늘어나고 있다. 심장 전문의이고 하버드 의대 교수이자 심신의학 분야의 선구자인 허버트 벤슨 박사는 기도나 명상 중에 일어나는 이른바 '이완 반응'이란 것을 발견했다. 이때 우리 몸은 신진대사가 저하되고, 심박수가 느려지며, 혈압이 떨어지고, 호흡이 편안하고 규칙적으로 변한다.

전통적으로 숭배는 분명 신을 숭배하는 것이었다. 어떤 사람에게는 신에 대한 숭배가 마음을 울릴 수도 있지만, 그렇지 않은 경우에는 세상의 더 큰 아름다움, 모든 것을 포함하는 더 큰 연결에 주의를 집중할 방법을 찾는 것이 좋다. 시를 낭독하거나 자신을 감동시키는 음악을 찾을 수도 있다. 그리고 물론, 신의 언어가 당신에게 효과적이라면 그걸 해보자. 내게 중요한 것은 나보다 더 큰 무언가를 숭배하는 감각이다. 신학자 레니타 J. 윔즈는 인간이 숭배와 연결되어 있기 때문에 결국 무언가를 숭배하게 되는 것이라고 주장한다. 현대의 지배적인 문화처럼 돈이나 지위, 권력을 숭배하는 함정에 빠지는 것보다 자기가 숭배할 대상을 의도적으로 찾는 편이 낫다.

내가 가장 좋아하는 탈중심화 방법 중 하나는 근사한 마사지를 받는 것이다. 사치스러운 일이긴 하지만 그 가치는 엄청나다. 물론 누군가 등을 문질러주면 몸의 긴장이 풀리고 편안해지지만, 거기에는 그 이상의 것이 있다는 걸 깨달았다. 마사지 대에 누워 누군가 내 몸을 죽죽 늘리면서 주물러주는 동안 나 자신과 내가 맺은 관계, 내 일에 대한 가장 창의적인 통찰력을 얻곤 한다. 누군가에게 사과를 해야겠다거나, 직장을 그만두기로 결심하거나, 파괴적인 관계에 경계를 세우는 등 심오하면서도 힘든 통찰을 얻는 것이다. 내가 마사지를 받으러 다니는 뛰어난 마사지사 미스티의 손에 몸을 맡기고, 아주 드물게 맛보는 마법 같은 시간 동안에는 내 몸에 완전히 존재한다.

요즘에는 사람들이 신성한 감각에 연결되도록 돕기 위해 환각제, 특히 '아야와스카ayahuasca(아마존 인디언들이 종교적 의식에 수천 년간 사용해 온 환각제•옮긴이)를 이용하는 일이 늘고 있다. 어떤 사람은 이걸 통해 강력한 의식을 경험하지만, 나는 환각제를 고독한 영적 관행으로 이용하는 것을 여전히 망설이고 있다. 종교학자인 허스턴 스미스의 말처럼, 정신적인 체험만으로 영적인 삶을 만들 수는 없기 때문이다. 마이클 폴란은 자신의 저서《마음을 바꾸는 방법》에서, "이 경험을 의학적인 맥락 안팎에서 이해하려면 통합이 필수다. 그렇지 않으면 단순한 마약 경험으로 남을 수도 있다"고 설명한다. 나는 또 내가 살아온 것과 다른 문화권에서 오는 변혁적인 경험을 필사적으로 추구하는 영성 관광도 경계한다. 그리고 보다 깊은 의미와 맥락을 이해하지 못한 채 이런 전통의 흥미로운 요소만 골라낼 위험도 있는데, 토착 관행처럼 사회적으로 소외되고 식민화된 전통의 경우에는 특히 더 위험하다. 또 자신의 배경과 문화에 숨겨진 보석에 대해 더 자세히 배울 기회도 놓친다. 그러므로 환각 물질에 의존하기보다는 관심을 키우는 간단한 도구를 이용해 나 자신보다 더 위대한 삶의 요소를 향해 지속적으로 방향을 전환하는 게 좋다.

주의력을 키우는 것의 힘은 매우 강력해서, 프랑스의 활동가이자 신비주의자인 시몬느 베이유는 어려운 수학 문제에 집중하기만 해도 기도할 준비를 마칠 수 있다는 유명한 주장을 했다. 그녀는 《신을 기다리며》라는 책에서 "기하학 문제를 풀기 위해 집중했지만 한 시간이 다 가도록 답을 찾지 못했다 해도 실망할 필요는 없다. 그 시간 동안 더 신비로운 차원에서 진전을 이루었기 때문이다."라고 설명했다. 아무 일도 일어나지 않는 것 같겠지만, 겉보기에 헛된 노력이라도 자기도 모르는 사이에 영혼에 더 많은 빛을 가져다준다고 베이유는 장담한다.

베이유는 아웃사이더였기 때문에 자신의 영적 길을 개척하는 방법을 알고 있었다. 불가지론을 주장하는 프랑스의 세속적인 유대인 가정에서 자란 그녀는 어린 시절부터 말년까지 여러 가지 건강 문제를 겪었다. 제1차 세계대전 때는 시몬 드 보부아르와 함께 공부하면서 급진적인 정치적 견해로 유명해졌다. 1933년 프랑스 총파업에 참여했고, 노동자 권리 향상을 위해 노력하는 과정에서 근본적인 연대 정신이 형성되었다. 그녀는 나이가 들면서 가톨릭 사제와의 우정을 통해 신비로운 감수성을 키웠고, 종교적인 삶에 깊이 이끌렸지만 항상 제도권 밖에 머물렀다. 그녀는 세례받기를 거부했고 성체 성사에 참여하기보다 지켜보기만 했다. 베이유에게 있어 영적 실천의 열쇠는 기도가 관심으로 구성되어 있다는 깨달음이었다. 그건 영혼이 신을 향할 수 있는 모든 관심의 방향이다. 관심의 질은 기도의 질에 많은 영향을 미친다.

물론 기하학 공부를 통해서만 기도를 위한 관심과 인식을 키울 수 있는 건 아니다. 〈우리는 어떻게 모이는가〉를 위한 조사를 진행하면서 기도에 대해 가장 많은 걸 알게 된 공동체는 워싱턴 DC에 있는 '생추어리sanctuary'다. 이곳에 모인 예술가들은 사회 정의와 치유를 위한 영성 경험과 표현 방법을 만들기 위해 여러 분야에 걸쳐 협력했다. 생추어리의 예술가들은 스크린 인쇄를 통해 난민들의 법적 대리권 확보를 돕고, 힙합을 이용해 공공주택 거주자들의 이주를 막았으며, 시각예술과 공연예술을 통해 수천 명의 사람들을 동원해서 환경 정의와 인종 평등, 빈곤층의 존엄성을 옹호했다. 전혀 다른 종교와 인종적 정체성을 가진 사람들로 구성되었고, 도시의 특정 구역에 속해 있다는 편견에 사로잡히지 않기 위해 항상 도시 곳곳으로 옮겨 다니는 그들은 힙합 아티스트와 인도 고전 음악가의 협업, 유대교 경전에서 영감을 받은 보석점, 라이브 페인팅과 말하기 대회를 결합시킨 소울 슬램 행사 등 일반적인 예상에서 벗어난 다양한 콜라보레이션을 진행하곤 한다.

2013년에 에릭 마르티네즈 레슬리(그 지역사회에서는 에릭 목사라고들 부른다)가 이끄는 팀이 설립한 생추어리는 언제나 영성과 사회 정의, 창조적인 예술을 함께 엮어낸다. "예술에는 영혼의 삶에 말을 거는 언어가 깃들어 있다. 자신만의 흐름을 찾고 상황에 잘 적응해서 최대한 몰두하자. 그러면 자기보다 거대한 움직임에 내 몸이 휩쓸리는 느낌이 든다. 나는 접촉하거나 활용할 수는 있지만 완전히 통제할 수는 없는 힘과 영감의 원천에 굴복했다. 나만 그런 것이 아니다. 그것이 출발점이다. 우리는 정의를 이루는 최고의 관행 중 일부가 예술을 만들고 영적 삶을 심화시키는 최고의 관행 일부와 겹친다는 걸 알아냈다." 에릭 목사는 이렇게 설명한다.

생추어리가 우리에게 가르쳐주는 것은 기도가 운동이 될 수도 있고 예술이 될 수도 있으며 창의성이 될 수 있다는 것이다. "우리는 새로운 걸 소개하는 것이 아니다. 그러나 점점 빠르게 움직이면서 통제의 환상에 사로잡혀 우리를 납득시키려고 하는 이 사회에서, 잠시 속도를 늦추고 개인적인 방식으로는 할 수 없는 일들에 주목하고 있다." 생추어리 리더들은 바느질과 노래, 랩, 춤 등을 통해 세상의 더 깊은 경험으로 들어가는 입구를 만들고 있다. 에릭은, 예술가들은 사람들이 들어서는 창조적인 흐름을 통해 세상의 충만함과 연결된다고 반복해서 설명한다. "사람들은 자신의 경험에 대해 아름답고 신비로운 방식으로 말하는 경향이 있다. 자신보다 큰 존재와 연결되어 있다고 느끼는 바로 그 순간이 자신에게 가장 진실하게 느껴질 때이기도 하다. '내가 이 시를 생각해낸 게 아니라 이 시가 어딘가에서 날 찾아온 것이지만, 그때의 나는 가장 깊고 진실한 나였다.' 이건 역설적인 말이다. 우리는 가장 진실한 자아이면서 동시에 절대로 자기 자신이 아닌 것이다."

방향 수정을 위한 회개

두 번째 기도 유형은 회개다. 회계의 기도를 하면서 사람들은 세상에서 자기가 되고 싶었던 모습과 하고 싶었던 행동에 미치지 못한 것을 깨닫게 된다. 그래서 자신에게 이런 질문을 던진다. '내가 뭘 했기에 이런 고통과 괴로움을 당하게 된 걸까?', '다른 이들에게 도움이 될 만한 일 가운데 내가 하지 않은 건 무엇일까?', '무엇 때문에 용서를 구해야 하는 걸까?'

누군가의 생일을 잊어버리거나 그날 자기가 한 말이 머릿속에 맴돌아서 잠들지 못한다면, 당신은 이미 규칙적으로 이런 식의 행동을 하고 있을 가능성이 매우 높다. 어떤 날에는 마지막 순간에 친구를 실망시키고, 길거리에서 어려움에 처한 사람을 외면하고, 목소리를 내야 하는 상황에서 두려움 때문에 그렇게 하지 못하는 등 모든 게 실패로 끝났는데, 다른 이들은 실패를 거의 하지 않는 것처럼 보일 때도 있다(이것은 내가 실제로 한 행동과는 아무런 상관이 없고, 진실에 동조하는 능력과 관련된 것이다). 당연한 얘기지만, 회개는 기도 시간 중 가장 유쾌하지 않은 시간이다.

나는 자신의 결점과 마주하는 걸 좋아하는 사람은 아직 만나보지 못했다. 하지만 그것은 내면의 비판적인 목소리에 질책을 당하거나 창피를 당한다는 얘기가 아니다. 누구에게나 부족한 부분이 매우 많다는 인식이다. 이것을 물 위를 질주하면서 돛을 조절할 기회라고 생각하자. 자기가 길을 벗어났다는 걸 깨닫고 지금

최선을 다해 경로를 조정하면, 나중에 훨씬 먼 바다로 나갔을 때 엄청난 노력을 절약할 수 있다. 어떤 날은 명상 쿠션에 앉아 있으면서 심한 분노를 느끼기도 하는데, 이럴 때 내면의 말을 들어보면 내가 누구 못지않게 많은 실수를 저질렀다는 사실을 알게 된다.

기도가 항상 만족스러운 건 아니다. 기도를 하면서 가장 가치 있는 순간은 미리 정해져 있던 가정이 흐트러지고 새로운 통찰이 나타날 때지만, 거기까지 도달하는 데 시간이 걸릴 수 있다. 마크 조던이라는 학자는 우리에게 가장 중요한 건 기도 시간에 어떻게 느끼느냐가 아니라 그 후에 어떤 일이 일어나느냐를 걸 일깨워준다.

그러나 이런 회개 기도가 매우 신선할 수도 있다. 세상 저 너머에 있는 존재에게 지금 벌어지고 있는 일을 솔직하게 드러낼 수 있는 기회이자 우리가 세상에 보여주고자 하는 방식과 마주할 수 있는 기회이므로 더 용감하고 자유로워진다.

하지만 수치심과 압도당하는 기분의 악순환에 빠지지 않으려면 어떻게 해야 할까? 소리 내 기도하면서 몸을 함께 움직여야 한다. 전국 각지의 혁신적인 커뮤니티 리더들이 한자리에 모인 '우리는 어떻게 모이는가' 회합에서, 참가자들에게 본인이 속한 커뮤니티에서 자주 쓰는 방법을 이용해서 서로를 이끌어보게 했다. 그 세션 중 하나에서, 미국 여성 모스크 로스앤젤레스 지부의 커뮤니티 봉사활동 책임자로 일했던 에디나 레코비치가 무슬림 기도 예법을 가르쳐줬다. 거기 모인 사람들은 대부분 아랍어에 익숙하지 않았기 때문에 에디나가 기도문을 번역해서 나눠줬고, 덕분에 그녀의 아랍어 기도를 우리는 영어로 따라 할 수 있었다. 기도의 선창-후창도 감동적이었지만, 가장 놀라웠던 건 기도에 담긴 동작의 힘이었다. 똑바로 서 있다가, 무릎을 꿇고, 앞으로 몸을 숙여서 카펫에 이마를 댄다. 양손을 얼굴 옆에 짚고 고개를 들었다가 다시 숙인다. 이건 별로 놀라운 일이 아니다. 기독교인들도 양손을 맞잡고 기도하는 게 정석이 되기 전에는, 일어서서 양 팔꿈치를 몸통 옆에 바짝 붙이고 손은 양옆으로 뻗어 손바닥을 위로 한 채 기도를 드렸다. 유대인들은 모든 예배의 중심인 '아미다Amidah'를 시작할 때 관례적으로 세 걸음 뒤로 물러났다가 다시 세 걸음 앞으로 나아간다. 기도 전통 중에는 절을 하거나 몸을 흔들거나 춤을 추는 동작이 포함된 것들이 많다. 유대교의 신비주의 경전인 '조하르Zohar'는 신성한 기도의 말을 할 때 우리 영혼의 빛이 타오르므로 촛불처럼 몸을 앞뒤로 흔들어야 한다고 가르친다.

그러니 당신도 회개하는 시간을 가지면서, 어떻게 하면 신체적인 움직임을 기도에 통합시킬 수 있을지 살펴보자. 내 경험상 회개할 일이 너무 많은 날에는 그냥 무릎을 꿇고 앉아서 몸을 앞으로 구부려 바닥에 머리를 대고 회개 기도를 드리는 게 가장 괜찮

왔다. 아직 해본 적이 없다면, 한 번 시도해보기를 바란다. 놀라울 정도로 자유로운 기분을 느낄 수 있다.

내가 가장 좋아하는 회개 형태는 혼자 성찰하는 것이 아니라 남들과 함께하는 것이다. 소규모 모임에 가입하거나 본인이 직접 그런 모임을 만드는 것은 우리가 할 수 있는 가장 강력한 정신적 실천 방법 중 하나다. 분위기 좋은 소규모 모임에는 애정이 가득해서 많은 지지를 받을 수 있을 뿐만 아니라, 진부하고 손쉬운 대답을 찾아 달아나지 못하도록 책임감을 안겨주기 때문이다.

이것을 언약 그룹으로 받아들일 수도 있다. 같은 종교 단체에 속한 이들 3~6명 정도가 정기적으로 모여서 자기 삶에서 실제로 일어나는 일들을 공유하는 것이다. 이것은 단순히 함께 모이는 친구들의 모임이 아니라, 당신과 함께 인생을 여행하는 믿을 수 있는 이들의 헌신적인 모임이다. 어떤 종류의 세속적인 소모임을 만들어도 마찬가지다. 예를 들어, 책 이야기를 하려고 모였지만 실제로는 인생의 어려운 문제들에 관해 얘기하는 독서회도 그렇다. 당신의 단점을 안전한 방식으로 공유하면, 이들은 당신을 애정으로 받아들이면서 앞으로 행동에 대한 책임을 지게 할 것이다. 그들은 당신과 같은 것을 믿을 필요도 없고, 당신과 같은 언어를 사용해서 자신의 영적 행위를 묘사할 필요도 없다. 심지어 당신의 가장 친한 친구가 될 필요도 없다. 하지만 엄청나게 중요한 존재가 되기 시작할 것이다.

나도 그런 소모임 몇 개에 참여하고 있는데, 그중에서 가장 오래 활동한 그룹의 경우 매달 불교도, 성공회도, 천주교도, 무신론자가 함께 모인다. 모임을 처음 시작했을 때는 다들 서로를 애매하게만 알고 있었다. 그곳에 모인 사람들 모두 삶의 영적인 요소에 대한 헌신을 심화시키고 싶었고, 다들 자기가 속한 전통적인 공동체에(그런 게 있다면) 갇혀 있다고 느꼈다. 우리는 자기 삶에서 실제로 벌어지는 일들에 대해 솔직하고 안전하게 말할 수 있는 장소가 필요했다. 이건 당신이 타인을 책임져야 하는 상황이고, 자기가 속한 대부분의 그룹에서 '책임감 있는 어른'처럼 처신해야 할 때 특히 안도감을 준다.

모임의 관행은 단순했다. 매달 멤버 중 한 사람의 아파트에 모여서 태국 음식(리추얼은 이렇게 맛있는 걸 먹는 자리가 될 수도 있다)을 주문하고 각자의 영적 상태에 대해 얘기하면서 시간을 보냈다. 처음에는 농담으로 모임을 '고백 그룹'이라고 불렀다. 사람들 모두 성공의 가면과 괜찮은 척하는 태도를 벗어던지고 난폭할 정도로 정직해져도 안전하다고 느낄 수 있는 친밀한 공동체였기 때문이다. 우리는 한 명씩 돌아가면서 10~15분 동안 금전 문제, 애인이나 배우자, 분노, 부모와의 관계, 야망, 몸, 슬픔 등 삶의 힘든 측면에 관해 얘기했다. 이제 취약성이 지닌 힘을 알고는 있지만, 자신에 관한 가장 추악한 진실을 말하고도 여전히 열렬한 사랑을 받으리라고 자신할 수 있는 곳은 거의 없다. 자기 얘기를 공유한(순조로운 진행을 위해 타이머를 사용했다) 다음, 다른 구성원들은 질문을 하거나 그들이 알아차린 패턴을 얘기하거나, 요청이 있을 경우 본인의 경험을 바탕으로 조언을 해주기도 했다.

소모임 안에서 회개를 하면, 혼자 있거나 큰 집단에 속해 있을 때처럼 자기 문제가 다른 이들의 문제보다 훨씬 나쁘거나 부끄럽거나 이상하다는 일반적인 가정을 무너뜨릴 수 있다. 사랑과 책임감이 가득한 작은 집단이 안겨주는 예상치 못한 기쁨은 다른 이들도 나와 똑같은 문제를 안고 있다는 것과 내가 실패했다고 느끼는 문제 목록이 다른 사람과 크게 다르지 않다는 걸 알게 된다는 것이다. 뭔가를 다른 시각으로 바라보라는 도전을 받거나 그동안 중요하다고 여겼던 가치관에 책임을 져야 하는 순간에도, 늘 감사하고 새롭고 활기찬 모습으로 모임 장소를 떠났다.

어떻게든 들키고 싶지 않은 비밀을 믿을 수 있는 이들에게 말하기 시작하면 갑자기 그 비밀은 힘을 잃게 된다. 그리고 그동안 단절해야만 했던 나 자신의 일부와 다시 연결될 수 있다. 안전하고 애정이 넘치는 고백 그룹도 그런 느낌이다. 이 모임이 해체되기 전까지는 이런 소모임에서 보내는 시간이 얼마나 절실한지 자주 잊어버리곤 했다.

소모임을 만드는 건 생각보다 쉽다. 매주 일요일 밤마다 모여서 야구 이야기를 나누고 야구 시즌이 시작되기 전 주말에는 함께 모여 더 깊은 대화를 나누는 친구들, 그리고 한 달에 한 번씩 만나 아침식사를 함께하는 엄마들 사이에서 이런 솔직한 대화가 오가는 걸 본 적이 있다. 보통은 당신의 일상생활에 깊이 연결되어 있기보다는 살짝 가까운 사람들과 모이는 게 도움이 된다. 그래서 처음에는 낯선 사람들과 모임을 시작하는 것이 매우 효과적일 수 있다. '선데이 어셈블리Sunday Assembly' 같은 세속적인 모임이 '스무프smoup'를 만들어냈고, 리더십 트레이닝을 할 때도 종종 이런 소모임을 이용한다. 사람들이 모여 심도 있는 토론을 하고 자기 인생에서 가장 중요한 일들을 친밀하게 나눌 수 있는 랜드마크 포럼이나 빌 조지 하버드 경영대학원 교수의 트루 노스 소모임 같은 개인 성장 프로그램을 생각해 보자. 최고의 고백 소모임 사례는 '알코올 중독자 갱생회' 같은 회복 커뮤니타다. 이런 모임에는 누구나 가입해서 자기가 어떤 어려움을 겪고 있는지 털어놓거나 금주 여정에 진전이 있는지 등을 안전하고 자신 있게 얘기할 수 있다.

애정 어린 자세로 경청하는 태도는 우리가 서로에게 줄 수 있는 선물이다. 모임은 남에게 억지로 파고들거나 남의 문제를 회피하지 않을 때 번성한다. 감리교 운동의 창시자인 존 웨슬리가 '사랑 안에서 서로를 보살피는 것'이라고 표현한 후원과 책임의 섬세한 선을 따라가야 한다. 그것이 바로 진실하게 살도록 도와주는 힘이다. 다른 사람들과 똑같이 일반적인 방향으로 나아간다면, 중요하다는 것을 알면서도 때로는 빛나는 성취의 빛이나 절망의 싱크홀 사이에서 사라질 수도 있는 자신의 가치관을 망각하지 않게 된다. 우울한 순간에도 소모임이 당신을 다시 일으켜 세울 수 있다. 내면의 추악함을 알면서도 여전히 나를 사랑하는 이 사람들이 우리가 상황을 바꿀 수 있다고 믿고 우리의 노력 의지를 신뢰한다면, 우리는 스스로에게 기대하는 것보다 더 많은 걸 하고 더 많은 게 될 수 있을지도 모른다.

소모임 크기가 작고 헌신도가 높은 것이 가장 이상적이다. 서로 의지할 수 있어야 한다. 내가 속한 소모임에서는 매월 모임을 진행하기로 약속하고, 얼마 뒤 이 모임을 통해 얻을 수 있는 것들을 다시 평가해야 할 필요가 생기면 해산할 길을 마련했다. 결과적으로 자기 자신을 잘 이해하게 될 뿐 아니라 내 너머에 있는 것을 감지하는 능력도 좋아진다. 회개는 자기 내면을 들여다보는 것이지만 우리가 우주라는 큰 그림에 어떤 영향을 미치는지 확인하는 것도 중요하다.

기쁨의 문을 여는 감사

회개와 성찰이 끝나면 감사의 시간이 찾아오는데, 이때는 자기가 감사하는 사람과 대상을 죽 나열한다. 내 경우에는 살아있다는 사실에 감사하는 것부터 시작하는 경우가 많다. 그날 하루 동안 사람들이 내게 베풀어 준 친절을 기억한다. 배울 수 있는 기회와 남에게 도움이 될 수 있는 기회. 의미와 기쁨을 안겨주는 특정한 사람들.

내가 가장 좋아하는 감사 방법 중 하나는 감사의 사슬을 만들어서 서로 연결하는 것이다. 예를 들어, 어제 친구들과의 저녁 식사에서 감사하는 부분은 식기의 아름다움과 관련이 있는데, 그 식기를 보니 할머니가 예술적으로 꾸며놓은 우리 가족 식탁에서의 축하 행사가 떠올랐고, 그와 관련된 모든 것에 감사하는 마음이 들었다. 〈해리 포터와 신성한 텍스트〉를 듣는 한 청취자는 "나는 급할 게 없어"라는 말로 감사의 사슬을 엮기 시작한다고 하는데, 이것도 상당히 괜찮은 시작점이다.

일단 목록을 작성하기 시작하면 예상 밖의 인맥과 추억이 떠올라 그날 하루가 유쾌해지고 나 자신을 넘어선 '무언가'를 의식하게 된다. 때로는 기도를 비롯한 모든 것이 지나치게 복잡해질 때가 있다. 중세의 신비주의자인 마이스터 에크하르트는 우리가 할 수 있는 말이 "감사합니다"뿐이라면, 할 말을 충분히 다 한 것이라고 했다.

통계에 따르면 요즘 사람들은 조직화된 종교 생활에 참여하지 않는다고 하지만, 우리는 여전히 영혼에 양분을 제공하는 리추얼을 유지하고 있다. 일기 쓰기는 감사 기도를 실천하는 멋진 방법이고, 요즘처럼 서점에 온갖 일기장과 감사 공책이 넘쳐나던 때도 없었다. 아마 당신도 하루를 마무리할 때 감사한 일 세 가지를 나열하는 식의 감사 연습을 이미 하고 있을 것이다. 글로 적거나 저녁 식탁에서 가족들에게 얘기하거나 잠들기 전에 파트너와 얘기하는 등의 방법으로 말이다. 난 이걸 매일 실천하기 힘들어서, 대신 기술 안식일에 일기장을 펴고 내게 기쁨을 안겨준 성찰과 기억을 몇 페이지 정도 죽 적는다. 그리고 브렌 브라운이《진정한 나로 살아갈 용기》에서 단언한 것처럼, 감사를 실천하는 것은 기쁨의 열쇠다.

때로 사람들은 감사가 이기적이거나 자아도취적인 행동처럼 보일까 봐 걱정한다. 가진 게 거의 없는 사람들도 있기 때문이다. 하지만 브라운은 이와 반대되는 주장을 한다. "당신이 가진 것에 감사할 때, 당신은 내가 잃어버린 게 얼마나 큰지 이해하게 된다." 그녀의 연구는 또한 "고통받는 이들이 외로움을 덜 느끼게 하거나 죄책감을 줄이고 보다 헌신적으로 보이기 위해 자신의 기쁨을 포기한다면, 우리가 완전히 살아있고 목적에 따라 연료를 공급받는다고 느끼는 데 필요한 것을 스스로 고갈시키게 된다는 사실도 밝혀냈다. 아이러니한 일이지만, 감사는 당신 자신만을 위한 것이 아니다. 감사는 다른 이들을 위해 내 모습을 드러내는 데 도움이 된다.

최근의 연구를 통해 감사가 정신적인 행복까지 증진시킨다는 사실이 밝혀졌는데, 이는 별로 놀라운 일은 아니다. 지난 10년간 진행된 수많은 연구에서 자기가 받은 축복을 의식적으로 중요시하는 이들은 남보다 더 행복하고 덜 우울해지는 경향이 있다는 게 드러났다. 하지만 감사 실천의 두 가지 핵심 요소에 주목하는 사실이 중요하다.

캘리포니아대학교 심리학 교수인 로버트 에몬스는 대의과학센터 잡지에 기고한 글을 통해, '감사는 선한 것에 대한 긍정이다'라고 설명했다. "세상에는 우리가 받은 선물이나 혜택 등 좋은 게 있다는 것이 확신한다." 이 실천에서 중요한 후반부는 "이런 선함의 근원이 외부에 있는 것으로 인식하는 것이다. 우리는 다른 사람(혹은 당신이 영적인 사고방식을 지녔다면 더 뛰어난 능력을 가진 사람)들이 내가 삶에서 선을 이루도록 돕기 위해 크고 작은 많은 선물을 줬다는 걸 인정한다."

외부의 선한 원천(특정한 사람, 특정한 행운의 기회, 혹은 더 영적인 무언가)에 감사하면 성공, 욕망, 야망에 대한 문화적 서사에서 벗어나 좀 더 전체적인 관점으로 삶의 방향을 바꿀 수 있다. "감사는 사물에 관한 것이 아니다." 작가이자 미국의 종교문화 학자인 다이애나 버틀러 배스는 그녀의 저서 《감사Grateful》에서 이렇게 설명했다. "감사는 존재의 놀라움에 대한 감정적인 반응이다. 내면의 빛을 감지하고 각자가 존재하는 데 기여한 놀라운 종교적, 사회적, 과학적인 사건들을 깨닫는 것이다."

그러나 감사 기도는 삶의 지저분한 부분을 정리하기 위한 것이 아니다. 배스는 "감사는 세속적인 번영 복음처럼 고통을 부정하거나 불평등을 간과하는 심리적, 정치적인 만병통치약이 아니다. 감사한다고 해서 무언가를 고칠 수 있는 것은 아니기 때문이다. 고통, 괴로움, 부당함, 이런 것들은 모두 진짜다. 그냥 사라지지 않는다"고 썼다. 그러나 감사하는 마음은 이것이 삶이 제공하는 전부이고 절망이 승리한다는 생각을 떨쳐버린다. "감사는 새로운 이야기를 안겨준다. 가난한 자, 버림받은 자, 병든 자, 수감된 자, 추방당한 자, 학대받은 자, 잊혀진 자, 그리고 보다 편안한 육체적 환경에 있는 모든 자들의 삶이 독특하고 품위 있는 방식으로 축복 받았다는 걸 알게 해준다. 당신의 인생도. 내 인생도. 지금 이 순간 우리 모두는 삶이라는 최고의 선물을 공유하고 있다."

그 소중한 자각을 실현할 수 있는 아주 확실한 방법은 본인 역시 죽을 것이라는 사실을 상기시키는 '메멘토 모리memento mori'를 실천하는 것이다. 이 관습과 비슷한 형태가 고대의 티베트 불교, 멕시코의 죽은 자들의 날 축제 등에 나타난다. 근대 초기 유럽에서 큰 인기를 끌었던 이 관습은 사람들에게 세속적인 것에서 관심을 돌리고 영원한 것에 대한 갈망을 키우라고 가르쳤다. 지금보다 수명이 훨씬 짧고 전염병의 위협이 항상 가까이에 있었던 당시 사람들은 일찍부터 자주 죽음의 현실에 직면했다. 프란스 할스 같은 예술가들은 정물화나 가족의 모습을 담은 그림에 죽음의 상징을 쓰기 시작했다. 예컨대 그림 구석에 항상 해골을 숨겨놓거나 책상 위에 올려놓는 식이다. 메멘토 모리 연습은 줄아

웃하는 하는 카메라 렌즈와 비슷하다. 우리가 죽을 것이라는 사실을 기억하고 그것이 오늘이 될 수도 있다는 현실을 받아들이면, 우리 삶을 더 큰 시각으로 바라볼 수 있다. 우리가 계속 관심을 기울이면서 걱정했던 문제들이 사라지지는 않지만, 더 넓은 배경 속에서 희미해진다. 아마 다들 사랑하는 사람의 장례식에 가거나 묘지를 지나갈 때 자기도 모르는 사이에 메멘토 모리를 연습했을 것이다. 예를 들어, 젊은 사람이 사고로 죽었을 때 이런 감정을 가장 많이 느낀다. 삶의 덧없음을 고통스럽게 깨닫는 것이다.

이 연습을 통합하려면 잠시 방해받지 않을 장소를 찾아야 한다. 살날이 1년밖에 안 남았다고 상상해 보자. 남은 시간 동안 어떻게 하겠는가? 잠시 생각에 잠기거나 일기장에 적어보자. 어디에 갈지, 누구와 얘기를 나눌지 상상하는 것이다. 무엇을 그만둘지도 생각해야 한다. 그리고 이제 남은 시간이 일주일밖에 없다고 상상해보자. 마지막 날들을 어떻게 보내겠는가? 마지막 식사는 뭘 먹겠는가? 누구랑 같이 있을 것인가? 이제 당신이 살아있는 마지막 한 시간을 상상해보자. 마지막 1분. 마지막 호흡. 지금 숨 쉬는 바로 이 호흡.

나도 양다리와 손목이 모두 부러지고 척추가 이중으로 골절되는 큰 사고에서 회복될 때, 자기도 모르는 사이에 이와 아주 비슷한 과정을 실행했다. 스코틀랜드의 부두에서 6미터 아래의 바위

위로 떨어졌을 때, '아하, 결국 이렇게 끝나는구나'라고 생각했던 게 기억난다. 그때 나는 친구들과 함께 부두를 따라 걷다가 오른쪽으로 바다가 보이는 좁은 길을 따라 올라갔다. 우리는 뮤지컬 〈그리스〉에 나오는 노래를 부르고 있었고, 나는 "슈밥 샤 와다 와다 위피티 붐 드 붐"이라고 고래고래 소리를 지르면서 앞으로 깡충 뛰었다. 아니, 어쨌든 내 생각에는 앞으로 뛴 것 같았다. 하지만 그때 내 시선은 왼쪽을 향해 있었기 때문에, 실제로는 바로 옆 방향인 오른쪽으로 뛰어 바닷물이 빠진 바위 위로 떨어졌다. 이 문장을 타이핑하는 지금은 사고가 난 지 10년이 넘었지만 여전히 그때를 생각하면 손에서 땀이 난다. 그래서 몸이 서서히 회복되어 깁스를 풀고 발목을 부드럽게 돌릴 수 있게 되면서부터는 매일 아침 "난 오늘 죽을지도 모른다"고 말하기 시작했다. 혼자 샤워를 할 수 있게 되자, 아침에 씻는 습관을 이용해 이 리추얼을 연습했다. 뜨거운 물이 내 몸을 따라 흘러내리는 동안, 내가 사랑하는 사람들과 오늘이 내가 살아있는 마지막 날이 될 수도 있는 실제 가능성을 묵상했다. "난 오늘 죽을지도 모른다." 이렇게 해서 언젠가는 죽어야만 하는 내 운명을 숙고하는 메멘토 모리를 만들었다.

이것을 활용하는 방법은 매우 다양하다. 내 친구 대럴 존스 3세는 이걸 운동 과정에 포함시켰다. '위크록' 같은 앱을 다운받으면 하루에 다섯 번씩 죽음이 다가오고 있다는 걸 기억할 수 있다. 혹은 아침에 보습제를 바르거나 화장을 하거나 차에 탈 때마다 큰 소리로 말할 수 있는 짧은 문구를 찾는 것도 방법이다. 자주 반복하는 게 비결이다. 그래야 살아있다는 사실을 꾸준히 되새기면서 감사하는 시간을 경험할 수 있다.

나를 변화시키는 간구

이 기도 순서의 마지막 단계는 간구, 그러니까 신 앞에서 신중하게 누군가 혹은 무언가를 붙잡는 것이다. 기도의 네 가지 단계 중 이 단계는 내가 항상 기도라고 생각했던 원하는 것과 필요로 하는 것의 성스러운 쇼핑 목록에 가장 근접하다. 하지만 사실 간구는 사랑하는 이들을 연민의 의식 안에 붙잡아둘 수 있는 기회다. 정말 잘 되길 바라는 사람들의 이름을 적은 짤막한 목록을 만들 수도 있고, 외롭거나 아프거나 우울한 이들에게 집중할 수도 있다. 물론 자신을 위한 기도를 정해서 하는 것도 가능하다. 나는 잭 콘필드가 만든 불교의 자비(사랑과 친절) 명상을 따라 하는 것을 좋아하는데, 여기에서는 세 가지 의도를 계속 반복한다. 자기 자신에서부터 시작해 사랑하는 사람에 대해 얘기하다가, 그 다음에는 낯선 사람, 그리고 평소 대하기 힘든 사람에게로 기도 대상이 옮겨간다.

내가 안전하고 고통받지 않기를.

내가 최대한 행복하고 건강하기를.

내가 편하게 지낼 수 있기를.

[그녀가] 안전하고 고통받지 않기를.

[그녀가] 최대한 행복하고 건강하기를.

[그녀가] 편하게 지낼 수 있기를.

이런 말을 계속해서 되뇌면 간구 기도에 리듬이 생긴다. 나는 누군가에게 화가 나고 좌절한 날에도 여전히 그 사람을 위해 애정 어린 기도를 드릴 수 있다는 사실에 놀랐다. 기도는 영혼을 위한 작업장과 같다. 그 안에서 인생의 모든 꼬임과 매듭을 해결할 수 있다. 분노를 누그러뜨리고 용서를 위한 공간을 만들어낸다. 우리가 하는 일이 다른 사람이나 바깥세상을 마법처럼 변화시키지는 못할 수도 있지만, 기도가 우리를 변화시키는 건 분명하다.

간구는 의도적으로 행복을 비는 행위처럼 보일 수 있지만, 그냥 살면서 도움이 필요한 부분을 드러내는 과정일 수도 있다. 예를 들어, 사람들은 자기가 느낄 수 있는 두려움을 의식 속으로 불러들인다. 때로는 일기장에 목록을 작성하면서, 내 마음속의 모든 잡동사니를 지울 수 있을 만큼 깊이 파고들기 위해 페이지를 꽉꽉 채우려고 노력한다. '이번 시험에 떨어질 것 같다', '살이 찔 것 같다', '나 자신을 온전하게 사랑하지 못할 것 같다', '아무개

한테 말을 잘못한 것 같다' 등등 계속해서 머릿속에 떠오르는 것을 나열한다.

　글을 쓰거나 큰 소리로 말하면 나를 괴롭히는 것들이 좀 줄어드는 것 같다. 그것이 간구하는 기도의 힘이다. 공포가 자리할 장소를 만들고 그와 동시에 공포를 그 자리에 갖다 둔다. 그러면 공포에 압도당하지 않은 채로 무엇이 나를 두렵게 하는지 말할 수 있다. 고통을 드러낼 넓은 공간과 더 큰 관점이 나타난다. 어쩌면 타임라인이 늘어나서 이 순간을 훨씬 긴 역사의 맥락에서 바라볼 수도 있고, 개인적인 관점이 넓어져서 자기 자신 외에 다른 생명체의 이익을 고려하게 될 수도 있다. 그러나 두려워하는 대상을 목록으로 만든 뒤에 드리는 기도는 어딘지 모르게 불완전하게 느껴졌다. 나는 샤워할 때 두려워하는 것들을 큰 소리로 말해서 그것이 수증기와 섞여 욕실 주위를 떠돌게 했다. 그리고 누나들에게 배운 노래를 즉흥적으로 부르기 시작했는데, 그 노래는 가사는 매우 단순하다.

불을 켜라.

어둠을 밝혀라.

그리고 모든 두려움을 없애라.

두려움을 완전히 바꿔놓을 방법이 있다. 어떤 신적인 존재가 갑자기 나타나서 상황을 정리해주는 것이 아니라, 내 의식에 '원초적인 언어'를 제공하고 짤막한 노래로 이런 진실을 알리는 간단한 방법이다. 다 끝났다고 느낄 때까지 반복한다. 당연한 얘기지만, 노래를 끝마쳤다고 해서 문제가 마법처럼 해결되지는 않을 것이다. 하지만 내가 느끼는 두려움과의 관계가 달라진다. 더 차분해지고, 나 자신을 더 동정하게 된다. 이렇게 작은 리추얼을 통해 자신에게 노래를 불러주는 것만으로, 결국 어떤 시련을 겪고 있든 이 또한 지나갈 것이라는 사실을 기억할 수 있다.

선종 불교 교사이자 작가인 체리 후버는 이 연습을 한 단계 더 진전시킨다. 그녀는 당신이 느끼는 모든 두려움과 고통, 분노를 소리 내 말하고 좌절감을 자세히 설명하면서 그것을 휴대폰으로 녹음하는 방법을 써보라고 알려준다. 그리고 잠깐 휴식을 취한 뒤, 그 녹음 내용을 마치 다른 사람의 문제인 양 듣고 친구나 낯선 사람에게 보여줄 수 있는 연민과 사랑을 보여주자. 애정이 담긴 귀로 들은 뒤, 자신에게 보내는 애정 어린 메시지를 지혜와 배려의 말을 담아 녹음한다. 그리고 다시 휴식을 취한 뒤, 두 번째 메시지를 듣는다.

내가 가장 좋아하는 간구 기도 방법은 축복의 기술을 이용하는 것이다. 오늘날에는 대부분의 사람들에게 축복이 낯설지만, 인간의 삶은 한때 축복으로 가득 차 있었다. 여행을 떠나기 전이나 식사를 시작할 때, 결혼하기 전, 안식일이 시작될 때도 축복을 빌었다. 존 오도노휴는 《우리 사이의 공간을 축복하라To Bless the Space Between Us》라는 저서에서 "종교가 사멸하자 많은 사람들이 공허와 의심의 틈새에 갇혀 있다. 우리 삶의 중요한 순간을 인식하거나 축하하거나 타결시키는 리추얼이 없기 때문이다"라고 썼다. "여기서 우리는 축복의 능력을 되찾고 다시 일깨워야 한다. 경건하고 관심 어린 태도로 인생의 결정적인 순간에 접근한다면, 그 교차 지점은 우리가 기대한 것보다 많은 걸 가져다줄 것이다. 축복은 이곳에서 교차 지점이 제공하는 모든 선물을 언급하고 일깨워 준다." 그러면 전환기를 더 이상 두려워할 필요가 없다. 변화는 우리 삶이 리듬과 깊이, 의미를 찾는 방식이 된다.

팟캐스트 공동 진행자인 바네사 졸탄과 나는 오도노휴의 에세이에 영감을 받아, 2016년에 방송을 시작한 뒤부터 매회 방송 마지막 부분에서 《해리 포터》에 나오는 등장인물 한 명을 축복했다. 비록 그 축복은 소설에 나오는 가상 인물을 위한 것이지만, 우리는 청취자들에게도 몸소 그 축복을 받으라고 권유한다. 중요한 것은 축복이 우리 삶을 힘들게 하는 걸 지워주지는 않지만, 삶속에 깊숙이 파고들어 고통의 숨겨진 열매를 끌어낸다는 것이다. 만약 결실이 전혀 없더라도 최소한 그 공허함을 느낄 수는 있다. 축복을 통해 고립되거나 고통스러운 경험이 적어도 더 이상 혼자만의 것은 아니도록 바꿀 수 있다.

축복할 때는 단순히 생각만 공유하는 게 아니다. 축복은 그보다 더 깊이 파고들어 영혼에서 말하는 것이다. 우리는 존재의 깊숙한 곳까지 다가가서 항상 중심에 있는 변하지 않는 총체에서 말을 한다. 마이스터 에크하르트는 내면에 있는 그 장소를 시간도 공간도 손댈 수 없는 곳이라고 했다. 그는 중세 독일어로 그것을 '벙클라인vunklein'이라고 불렀다. 인간 내면에 있는 소박하고 신성한 작은 불꽃이라는 뜻이다. 때로 바네사와 나는 축복의 말을 할 때 우리가 선택하는 대상과 축복을 표현하는 방식에 놀라기도 했다. 어떤 점에서 축복은 내 안에서 오는 것만큼 내 너머에서도 오기 때문이다.

진정한 축복은 두 가지를 확증한다. 첫째, 축복은 내재된 온전함을 확인시켜 준다. 축복은 나를 발전시키거나 더 신성하게 교화시키기 위한 것이 아니다. 내 안에 항상 존재하는 충분함을 기억하도록 서로 도와주는 선물이다. 둘째, 축복은 내재된 상호 연결성을 확인시켜 준다. 작가 데이비드 스팽글러의 설명처럼, 축복은 우리의 연결성을 본질적으로 이해하는 부분을 발견하고 표현하는 관행이다.

그래서 축복을 받는 것은 거짓 긍정이나 값싼 인스타그램 해시태그가 아니다. 축복은 멋진 바다 풍경이나 노을이 지는 하늘을 배경으로 카메라 앞에 서는 게 아니다. 축복은 우리 삶에서 가장 어려운 부분을 포용한다. 우리는 축복을 실천함으로써 품위 있고 깊이 있는 태도로 삶의 고통을 존중한다.

오도노휴는 축복을 '사람을 보호하고 치유하고 강화하기 위해 그 주위에 그려진 빛의 원'이라고 표현했다. 여기서 그는 고대 켈트족의 영적 관습에 의지했다. 켈트족은 위험에 처하면 주위에 원을 그렸다. 마법의 힘을 믿든 믿지 않든, 그 원은 그들이 항상 신성한 힘에 둘러싸여 있고 어디에서나 거룩한 신비가 그들을 에워싸면서 휘감고 있다는 사실을 일깨워 줬다. 축복은 우리에게 그 사실을 상기시켜 준다. 사람들이 조화를 이루지 못할 때, 축복이나 간구의 기도가 그들을 다시 화합하게 한다. 그래서 오도노휴는 축복에 진정한 힘이 있다고 생각한다. 축복의 장점은 그것이 전개되는 일에 영향을 미칠 수 있다는 믿음이므로 확신을 갖고 축복해줘야 한다.

흔들림을 막아주는 공동체의 힘

조심스럽게 경고를 하나 하겠다. 모든 연결 경험 중에서 초월자와 연결되는 이 마지막 경험은 가장 신비로우면서 동시에 가장 강력하다. 당신은 자신보다 거대한 존재와 깊은 연관을 맺고 있는 이들을 만나게 된다. 그들에게서는 영적인 성숙함이 뿜어져 나온다. 하지만 큰 힘에는 언제나 큰 책임이 따르기 마련이다. 이런 기도와 신성한 연결을 행할 때 자신의 본모습을 잃지 않는 것이 중요하다. 우리가 안정적이고 책임감 있는 태도와 안전을 유지할 수 있도록 지켜줄 사람들이 필요하다. 역사 속에는 종교적인 이들의 마음을 사로잡을 확실하고 강력한 방법을 찾아냈지만 그 방법이 유일한 방법이라고 집착하면서 광신과 열성적인 몽상에 빠져버린 이들에 관한 이야기가 매우 많다.

그래서 우리는 청취자들에게 팟캐스트를 위해 음성 메일을 보내달라고 부탁한다. 다른 관점을 접하면 책 읽기가 새로워지고 생각이 예리해져서 신성한 실천 경험이 풍부해지기 때문이다. 다른 관점을 더 쉽게 이해할 수 있고, 우리가 의도치 않게 다른 사람을 상처 입히는 방식으로 단어나 구절을 해석할 경우 그에 책임을 질 수도 있다.

동료 실천가들의 커뮤니티 규모가 클 필요는 없다. 소수의 동료 여행자들만 있어도 새로운 문을 열고 상상력을 넓힐 수 있다. 우리의 노력이 약해지고 확신이 흔들릴 때, 공동체는 계속해서 전진하는 데 필요한 힘을 줄 수 있다. 영적 초심자인 우리는 신성한 수행을 하는 동안 흔들리고 동요할 수밖에 없다. 그리고 적절한 리듬을 찾아내더라도 예상치 못한 새로운 도전이 찾아온다. 이런 공동체는 다양한 형태를 취할 수 있는데, 물론 개중에는 전통적인 방식으로 집회를 여는 곳도 있다. 하지만 어떤 모임은 1년에 한 번씩 친구들과 모여 영적 삶에 관해 토론한다. 한 달에 한 번 통화하는 친구가 있을 수도 있고, 파트너와 함께 시간을 정해 산책하면서 이 문제를 얘기할 수도 있다.

어느 시점이 되면 당신을 더 발전시킬 수 있는 맞춤형 조언을 해줄 교사나 영적 지도자를 찾아야 하는데, 그러면 안도감도 얻을 수 있다. 지금은 그들이 누구인지 모를 수도 있지만, 당신이 인간의 정신을 탐색하도록 도와줄 가이드들이 틀림없이 존재한다. 그들을 만나기 전까지 자신의 신성한 실천 방식에 의구심이 든다면, 아프리카 출신의 위대한 신학자 아우구스티누스를 기억하자. 그는 "신과 이웃에 대한 두 갈래의 사랑에서 마음이 멀어지고 있다면, 그것은 수행의 목적을 달성하지 못한 것이다"라고 설명했다.

나만의 기도 만들기

나를 기도하는 사람이라고 설명하게 될 줄은 꿈에도 몰랐다. 아마 당신도 마찬가지일 것이다. 하지만 찬양, 회개, 감사, 간구라는 틀을 사용하면서 나보다 큰 존재와 연결되는 방법을 체계화할 수 있는 비결을 발견했다.

당신이 어릴 때부터 체득한 전통을 새롭게 바꾸거나 재해석할 수 있을지도 모른다. 아니면 기도에 생기를 불어넣는 요소들을 완전히 새롭게 혼합할 방법을 모색할 수도 있다. 옛날에 살던 집에서는 스노우 부츠와 겨울 외투가 쌓인 벽장에 들어가 전통적인 기도문을 반복하는 내 모습에 매우 놀라기도 했다. 이 기도

문은 영국에 있는 기숙학교에 다닐 때 배운 것인데, 이걸 외우는 게 항상 싫었다. 그 기도문은 기독교 신앙생활의 핵심 요소인 주 기도문이었다. 특히 신을 부르는 더없이 가부장적인 표현인 '우리 아버지'라는 첫 문구가 씁쓸하게 느껴졌다. 그래서 신이 신비로운 존재라면 내 영혼의 기를 꺾는 게 아니라 고양시키는 언어가 있어야 하지 않겠냐고 혼잣말을 했다. 그래서 숲에 대한 애정을 바탕으로, 삼림 지대를 배경으로 한 이미지가 가득한 타로 카드를 찾아냈다. 그리고 찬양의 기도를 시작할 때면 이 타로 카드를 꺼내 그림이 있는 면이 위로 가게 늘어놓고, 늑대, 돌의 왕, 굴뚝새, 화살 페이지, 균형을 상징하는 두 마리의 뒤틀린 뱀 등 그날의 이미지를 보면서 신의 모습에 대한 상상의 나래를 편다. 그런 다음 가장 전통적인 기도문을 "하늘에 계신 우리 늑대님" 혹은 "하늘에 계신 우리의 균형"이라는 말로 시작한다. 카드가 어떤 이미지를 보여주든, 그날의 신이 어떤 모습일까에 대한 상상력은 커져만 간다.

기도를 풍부하게 만드는 방법은 무수히 많다. 공간을 구성하는 방식도 창의력을 발휘할 기회가 된다. 촛불을 켜거나 향을 피우면 간단하게 분위기를 잡을 수 있고, 나처럼 기도를 시작할 때 어깨에 숄을 둘러도 된다. 기도용 숄은 전 세계에서 사용되고 있는데 그럴만한 이유가 있다. 숄은 신의 포용을 상징한다. 순례자 친구인 캐롤라인이 준 야크 털로 짠 보라색 숄을 걸치면 따뜻함과 차분함, 편안함이 느껴져서 그 안에 숨어 있으면서 동시에 대담해질 수 있을 듯하다. 본질적으로 숄을 걸치는 행위 자체에는 특별한 게 없지만, 신성한 텍스트의 경우처럼 그걸 다시 걸칠 때마다 숄이 의미와 기억으로 물들게 된다. 다른 사람들은 토라가 적힌 두루마리에 입을 맞추듯이 자기 일기장에 입을 맞추기도 하고, 일기를 쓰기 전에 펜을 들고 "진실과 애정을 담아 글을 쓰게 해줘"라고 말하기도 한다. 어떤 행동을 하든, 그것이 이 성찰의 시간에 집중하는 데 도움이 된다면 리추얼화 할만한 가치가 있다.

이런 방법을 다 동원해 봐도 기도가 너무 이질적이고 종교적이라서 도저히 못 할 것 같다면 우선 혼잣말부터 시작해 보자. 이 네 가지 단계를 당신의 삶, 당신이 한 일과 하지 못한 일에 대해 얘기하기 위한 프롬프트로 이용하는 것이다. 당신이 누구이고 어떤 사람이 되고 싶은지, 당신이 사랑하는 사람은 누구인지(그리고 좋아하지 않는 사람들에 대해서도) 얘기해 보자. 자기 외에는 듣는 사람이 아무도 없다는 걸 알면, 심지어 가장 중요한 일에 관해서도 얘기할 수 있다. 우리가 정직하지 않다면, 진실을 말하지 않는다면, 계속 충실하게 지키고 싶은 것까지 잊어버리기 때문이다.

우리는 이런 관행을 자기 삶에 도입하거나 기존의 리추얼을 풍부하게 하기 위해 필요한 것들을 모두 갖추고 있다. 일상적인 습관에 몇 가지 단어만 추가해도 된다. 아침에 보습제를 바르거나 차에 탈 때 자신에게 어떤 말을 할 수 있을까. 이것은 자신의 마음으로 돌아가 매달릴 수 있는 미시적인 순간들이다.

저명한 예수회 신학자 월터 버가트는 명상기도는 그저 '현실을 오랫동안 사랑스럽게 바라 보는 것'이라고 정의했다. 우리는 현실에 온전히 임할 수 있을 때, 그리고 원초적인 언어로 말할 수 있을 때, 가장 완전한 자신이 된다. 이것은 세상에서 가장 중요한 일이다. 충만한 삶을 사는 것이 주변 사람들에게 얼마나 큰 선물이겠는가. 현실을 오랫동안 사랑스럽게 바라볼 수 있으면 내가 내리는 결정, 시간과 돈을 소비하는 방법, 정치에 참여하는 방법 등이 모두 풍요로워진다.

일기를 써도 마음이 풀리지 않는다면, 기도문을 노래처럼 부르면서 춤을 추거나 베이킹을 하거나, 그림을 그릴 수도 있다. 모든 사랑을 반죽에 담아 치대거나, 목탄과 종이를 구해 당신 위에 드리워진 분노와 슬픔을 표현하자. 중요한 건 이런 구체적인 방법을 이용해서 당신 내면에서 흐르는 진실과 연결되는 것이다. 당신이 사랑하고 가슴에 품고 싶은 사람들의 목록을 만들자. 감사일지에 메모를 하고, '모닝 페이지'를 적자. 당신 삶에서 벌어지는 새로운 일들을 기록하자. 당신이 느끼는 부담과 통제할 수 없는 힘을 인정하자. 무엇이 두려운지 자신에게 물어보자. 사방이 꽉 막힌 기분이 들거나 즐겁거나 호기심이 타오르는 게 느껴지는 지점은 어디인가?

일기장을 새로 사거나 일기 쓰는 방법을 바꿀 필요는 없다. 그냥 자기 습관을 알아두기만 하면 된다, 일기를 쓸 때 특정한 의자에 앉는 경우가 많은가? 시작 전에 차를 끓이는가? 글씨 쓰는 팔 아래에 쿠션이나 퀼트 천을 까는가? 이런 것들을 축복하거나 입을 맞춰서 그 각각을 신성하게 만들 수도 있다. 정리 정돈의 영성을 밝힌 가정주부 곤도 마리에를 생각해 보라. 물건을 가슴 가까이에 대고, 눈을 감고, 진심 어린 감사를 표하자. 모든 순간이 성스러운 연결의 순간이 될 수도 있고, 몰래 기도할 기회가 될 수도 있다.

THE

POWER

제 5 장

이미 연결된 상태

OF

RITUAL

THE POWER OF RITUAL

이 책이 두 가지를 깨닫는 데 도움이 되었기를 바란다. 첫째, 당신은 이미 많은 리추얼(영적 수행)을 행하고 있다. 그것을 리추얼이라고 표현한 적이 없더라도 말이다. 읽고, 걷고, 먹고, 쉬고, 반성하는 것, 이 모든 것이 당신의 관심과 보살핌을 받을 가치가 있는 타당한 행동이며 깊은 연결을 이룬 삶의 토대가 될 수 있다. 둘째, 당신이 과거의 전통을 새롭게 해석해서 현대적인 관행을 향상시키고 옛것과 새것을 창의적으로 결합시킬 수 있는 권한이 있다고 느끼길 바란다.

사람들은 자신에게 더 열심히 일하고, 더 잘하고, 더 많이 벌고, 더 많은 일을 하라며 한계 이상으로 몰아붙인다. 그로 인해 그 어느 때보다 많은 약을 복용하면서 우울감과 불안감에 시달리며 살아가고 있다. 젊은 세대는 빚더미에 빠지고, 기성세대는 조금이라도 은퇴 시기를 늦추기 위해 안간힘을 쓰고 있으며, 극심한 빈부 격차와 차별주의의 중압감 속에서 살아가고 있다. 그동안 인터넷과 소비자 자본주의가 불러온 급격한 변화 속도는 모든 영적 환경과 공동체 지형을 재편하고 있다. 내가 아는 거의 모든 사람은 세상이 정해 놓은 엄격한 기준에 자신의 능력이 미치지 못한다고 생각하여 힘들어 한다. 그 때문에 의미 있는 순간을 제대로 즐기지 못한다. 이런 구조적 불평등이 우리의 행복과 기쁨을 앗아가는 것이다.

그러나 이러한 상황이 지속되지는 않을 것이다. 세상에는 끌려들어온 함정에 현명하게 대처하는 이들이 아주 많기 때문이다. 사람들은 페이스북 계정을 없애고, 자신의 학습을 이끌어줄 새로운 해법을 만들고, 함께 살아가기 위해 주택 소유 구조를 바꾸고 있다. 시대를 정의하는 이런 변화 속에서 의미와 연관성을 찾을 수 있게 도와주었던 오래된 해답과 리추얼, 사회 구조는 더 이상 우리 삶의 경험에 대해 얘기하지 않는다.

이런 상황에서 자신의 영적 삶을 해체해서 재구성하고, 자기 자신과 타인, 자연, 초월자와 연결되도록 도와주는 수행 방법을 다시 만들려는 이들이 많다. 이것은 쉬운 일은 아니다. 하지만 우리에게는 조상들이 물려준 위대한 전통이 있다. 그렇기 때문에 읽었던 책, 함께 식사한 사람, 여행하는 방식 등 신성한 연결의 순간으로 바꿀 잠재력이 있는 모든 것(개를 산책시키고, 수영을 하고, 샤워를 하고, 차를 몰고 출근하고, 저녁을 만드는 등)을 성찰할 수 있는 기회가 있다. 완전히 새로운 이야기와 체계, 새로운 관습을 만들어서 따를 수도 있지만, 전통으로 돌아가 그것을 내 상황에 맞게 재해석하면 풍부한 의미의 방법을 찾아낼 수 있다. 인간에게는 자라면서 체득했거나 배운 관행을 바탕으로, 그 관행을 구현하는 자신의 모습이 진실하고 명예롭고 가치 있다고 주장할 권한이 있다.

인생 규칙 실천하기

네 가지에 대한 연결을 심화시킬 방법을 찾아낸 다음에는 어떻게 해야 할까? 삶의 다양한 원천에서 영감을 끌어낼 수 있다고 하더라도 어떻게 해야 그것을 하나로 뭉칠 수 있을까? 영혼이 이미 하고 있는 일보다 더 많은 일을 한다고 해서 영적 성장이 가능한 건 아니다. 똑같은 일을 하더라도 혼란 속에서 하는 것이 아니라 계획을 잘 세워서 해야만 성장할 수 있다.

마지막으로 공유하고 싶은 도구가 하나 있다. 사람들은 자기도 모르는 사이에 다양한 방법으로 리추얼을 다시 만들고 있다(홀스티 반사 카드, 그레첸 루빈의 추적 워크시트, 알랭 드 보통의 인생 학교 시리즈, 몽크 매뉴얼, 친구가 자신의 수행 내용과 실천 현황을 파악하기 위해 침실 벽에 붙여놓은 체크리스트 등). 이것이 인생 규칙을 수도사처럼 실천하는 방법이다.

인생 규칙은 존재 방식과 원하는 삶을 살아가는 데 도움이 되는 리추얼과 관행에 대한 노력을 집중시키는 방법이다. 3, 4세기

부터 수도원 공동체에서 실천한 규칙은 우리가 살아가면서 일정한 리듬을 유지하는 방법이다. '규칙'이라는 단어는 허용되거나 금지된 행동과는 거의 관련이 없다. 그보다는 규제나 인도를 뜻하는 라틴어 어원 'regula(레귤라)'의 뜻에 의지한다. 따라서 당신은 규칙을 삶의 패턴이라고 생각할 수도 있다. 그것이 마음이 더 편하다면 말이다. 유대인 전통의 '무사르musar' 운동도 자신이 원하는 사람이 될 수 있도록 도와주는 체계를 제공하는 데 초점을 맞추고 있다.

우리는 자신의 삶을 지탱해주는 살아있는 리듬을 만들 수 있다. 일반적으로 규칙은 공동체가 만들지만, 오늘날에는 자기만의 개인적인 삶의 규칙을 만드는 사람들이 점점 많아지고 있다. 물론 혼자가 아닌 둘이서, 혹은 대형 그룹이 그 규칙을 따를 수도 있다. 최고의 인생 규칙은 자신의 가치관과 목적, 그리고 그 목적에 따라 살아가는 데 도움이 되는 실천 방안을 결합시킬 수 있는 방법을 제공한다. 다시 말해, 이 책에서 살펴본 리추얼이 합쳐져서 어떤 것(혹은 어떤 사람)이 되고, 인생 규칙은 그 과정을 체계화하는 데 도움이 된다.

전통적으로 공동체의 인생 규칙에는 30가지 이상의 원칙이나 관행이 포함될 수 있다. 이런 사소한 규칙들이 모여서 완전한 인생 규칙을 구성한다. 예를 들어, 이런 개별적인 규칙은 수도승들이 기도하고, 먹고, 일하고, 함께 사는 방식에 대해 다룰 수 있다.

수도원 공동체는 매일 아침 함께 모여, 인생 규칙을 정리해놓은 텍스트에서 한 가지 규칙을 골라 큰 소리로 읽곤 한다. 그렇게 하면 인생 규칙을 다 읽는 데 한 달 정도 걸린다. 이렇듯 큰 소리로 함께 책을 읽으면, 그날의 특정한 규칙에 집중할 수 있는 씨앗이 심어진다. 예를 들어, 성 베네딕토의 48번째 회칙은 '나태는 영혼의 적이다. 따라서 형제들(수도승)은 정해진 시간에 육체노동을 하고, 또 다른 정해진 시간에 영적인 독서를 해야 한다'는 말로 시작된다. 이외에도 다양한 규칙을 가진 수백 개의 공동체들이 있다. 성 베네딕트 규칙이 가장 유명하지만, 성 프란치스코와 성 클레어의 규칙도 있고 또 이런 초기의 영적 지도자들 이후 수 세기 동안 만들어진 새로운 규칙도 많다. 이런 규칙은 대개 어떤 가치를 명확하게 표현한 다음 그 가치를 어떻게 실행시킬 수 있는지 보여준다.

당신의 인생 규칙을 하나로 합치려면 약간의 시간과 신중한 숙고가 필요하겠지만, 그래도 얼마든지 가능한 일이다. 첫째, 당신이 실천하고 싶은 여러 가지 미덕이나 목적을 생각해 보자. 적게는 3개, 많게는 30개 정도 될 수 있다. 내 경우 규칙을 종합할 때는 이 책에 나온 네 가지 연결고리(내적 자아, 타인, 자연계, 초월자) 각각에 해당하는 규칙을 만들기로 했다. 그런 다음, 각 주제에 대한 메모를 몇 개씩 하고, 몇 줄 혹은 최대 반 페이지 길이의 초안을 작성하기 시작했다.

나는 자신과의 연결을 돕기 위한 규칙을 정하는 것부터 시작했다. 삶이 고달플 때면 일부러 몸을 혹사시키거나 쌓인 이메일 함으로 도피하는(그러면 적어도 내가 확실하게 성공할 수 있는 일을 하게 된다) 경향이 있다는 걸 알고 있었기 때문에, 내 웰빙을 위해서는 휴식과 휴무 시간이 매우 중요했다. 나는 2014년부터 기술 안식일을 실행하기 시작했는데, 이건 내가 해본 것 중에서 가장 중요한 영적 훈련이었다. 하지만 여행을 하느라 집을 떠나 있거나, 갑자기 마감일이 잡히거나, 중요한 축구 경기가 있을 때는 이 관행이 흐트러진다. 그래서 내가 왜 이런 수행을 시작했고 이것이 왜 나한테 중요한지 상기시켜 주고, 정말 중요한 일들을 계속 생각나게 해주는 북극성이 필요하다. 그래서 한번 적어봤다.

휴식이 필요하다.

제대로 쉬지 않으면 즐거운 일도 귀찮아져 버린다. 우선순위가 시야에서 사라지고 파괴적인 행동 패턴에 빠지게 된다. 휴식은 내가 아끼는 일과 내게서 리더십을 원하는 이들에 대한 책임이다.

마지막으로 온 이메일을 확인하고 싶고, 마지막 작업을 끝내고 싶을 것이다.

부득이하게 스스로 정해 놓은 안식일을 지킬 수 없는 상황(결혼식, 장례식, 기타 중요한 인생의 순간)이 생기는 경우에는 다른 날 쉴 수 있도록 일정을 잡는다.

쉬는 날에는 여행을 가지 않을 것이다. 금요일 밤에는 집에 있거나 편안한 장소에 있을 것이다.

이 규칙을 지키고 안식일을 준수하기 위해서는 즐거운 일이나 심지어 돈벌이 기회까지 거절해야 한다.

금요일 해 질 녘부터 휴대폰과 노트북을 끄고 토요일 해 질 녘까지 켜지 않을 것이다. 이것은 내가 살고 있는 이 행성의 규칙적인 패턴으로 다시 들어가는 신성한 리듬이다.

안식일은 사치가 아니라 권리다. 그러니 내가 어찌 거부할 수 있겠는가?

안식일은 가장 창의적인 아이디어를 배양하고 발산하며, 내가 억지로 만들어낸 것이 아니라 남에게 받을 수 있는 근사한 계획과 욕망의 발상지이기도 하다.

안식일에는 집착하는 본성을 내려놓고 모든 호흡을 즐길 수 있다. 나는 노래한다. 그림을 그린다. 글을 쓴다. 잠을 잔다. 걷는다. 먹는다. 말한다. 듣는다. 조용히 입을 다문다. 곰곰이 생각에 잠긴다. 촛불을 켠다.

안식일을 빼먹기 시작하면 유혹이 커질 것이다. 그러면 틀림없이 지치기 시작하면서 위기를 맞게 될 것이다. 안식일은 날 돕기 위해 여기 존재한다.

물론 기술 안식일을 항상 지키지는 못한다. 그것이 그렇게 쉽

다면 규칙이 필요하지도 않을 것이다. 하지만 이 글을 정기적으로 다시 읽으면 내 의지의 힘과 연결되는 데 도움이 된다. 이 글을 보면 내가 다짐한 대로 살아갈 때, 혼자 노래 부를 시간이 있을 때, 창밖을 응시하며 새로운 아이디어가 떠오르도록 내버려둘 때, 내가 연락하면 기뻐할 만한 이들을 떠올릴 때 어떤 기분이 드는지 생각난다. 내가 예기치 못한 인생 역경을 우아하게 헤쳐나갈 수 있다면, 그것도 다 기술 안식일을 지켰기 때문이라고 장담할 수 있다.

투덜거리고 피곤할 때, 화가 나고 고립감을 느낄 때는 과로한 상태에서 안식일을 지키지 않았을 가능성이 크다. 그럴 때는 정해진 시간 동안 규칙에 따라 생활한다고 생각하면 도움이 된다. 한 달 또는 특정 계절로 기간을 한정해서 시작할 수 있다. 그러다가 자신이 생기면 1년 동안 해보기로 다짐할 수 있다. 그러나 짧은 시간 안에 엄청난 변화를 기대해선 안 된다. 앨런 모리니스의 책《일상의 거룩함Everyday Holiness》에 나오는 랍비 심카 지셀 지프의 말처럼, 인간의 심적 변화는 평생 동안 진행되는 일이고, 그래서 그 일을 하기 위한 일생을 부여받은 것이다.

원하는 규칙을 썼으면, 그 목표를 바로 실행에 옮기기 전에 먼저 해야할 일이 있다. 나의 규칙을 누군가에게 보여주면서 검토해 달라고 하자. 나는 평소에 신뢰하던 현명한 사람 한 명에게 그 규칙을 보여주면서 내가 쓴 내용 중에 우려스러운 부분이 있으면 알려달라고 했다. 이런 방법을 쓰면 자기가 원하는 모습대로 살지 못한다고 자신을 질책하는 수치심의 덫에 빠지는 걸 피할 수 있다. 영적 지도자나 수도자처럼 영적 수행을 심화할 때 다른 사람들과 동행한 경험이 있는 이와 연결되는 것은 도움을 얻는 아주 좋은 방법이 될 수 있다.

당신도 이 책을 읽으면서 이미 실행하고 있는 방법에 대해 생각하거나 고대의 지혜를 일상적인 습관에 접목시킬 방법을 궁리했을 것이다. 인생 규칙은 그런 모든 것을 함께 유지하는 데 도움이 된다. 단절의 시대에 이것은 당신의 개인적인 연결 고리가 될 수 있다. 인생 규칙은 당신의 마음을 열고 정신을 고양시키는 말을 계속 되뇌면서 자기 자신과 다른 사람, 자연계, 그리고 살아 있다는 위대한 신비와의 내재된 연결 고리를 일깨워줄 수 있다.

노력으로 완성되는 리추얼

습관(기술 문명에서 벗어나 휴식을 취하는 것이든 다른 사람과 함께 식사를 하기로 결심하는 것이든)을 확실하게 들이기 위해서는 어느 정도는 엄격한 노력이 필요하다. 영적 수련은 쇼핑이나 호화로운 스파 데이트가 아닌 운동처럼 느껴져야 한다. 농구든 시 쓰기든 어떤 연습을 시작할 때 나를 가장 중요한 것과 연결시키는 효과는 신뢰성에 달려 있다. 안타깝게도 명상 쿠션에 앉거나 펜을 들기 가장 싫은 날이 바로 그런 수행이 가장 필요한 날이기 때문에, 마음 내킬 때만 연습을 한다면 소기의 목적을 달성할 수가 없다. 달라이 라마는 평소에는 하루에 한 시간씩 명상을 하지만, 특별히 바쁜 날에는 반드시 두 시간씩 명상을 한다는 유명한 얘기가 있다.

분명히 말하지만, 이것은 어려운 일이다. 나는 가족들 사이에서 일을 시작해놓고 끝내지 않는 것으로 유명하다. 하지만 영적 수련을 통해 원하는 결과를 얻으려면 시간이 걸린다. 메달 수여식도 없고 우수한 이들을 위한 우등 수업도 없다. 사실 내가 만나본 영적으로 가장 성숙한 이들은 세상에 거의 알려지지 않은 이들이다.

성공을 위한 준비를 하려면 시간제한이 있는 약속을 하는 것이 유익한 첫 번째 단계라는 것을 알게 되었다. 만약 내가 8주, 7일, 혹은 20분 동안 노력해야 한다는 걸 알면, 수행의 가장 힘든 순간을 이겨내는 데 도움이 된다. 영적 초심자인 나는 그레첸 루빈의 《지금부터 행복할 것The Happiness Project》이라는 책에서, 더 행복한 삶을 살기 위해 시도한 모든 비법 중에서 가장 효과가 좋은 것은 매일 하겠다고 다짐한 일의 목록을 벽에 붙여놓고 해낼 때마다 하나씩 지워가는 것이었다는 설명을 읽고 확신을 얻었다. 이것은 매우 확실한 방법이다. 수도원에 새로 들어온 수사나 수녀들도 이런 훈련과 데이터 추적의 효과를 인정한다. 이것이 우리가 시작해야 하는 방법이다.

수행을 계속하기 힘들 때는, 수행을 오랜 친구처럼 생각해 보자. 때로는 함께 있는 시간이 자극적이고 영감을 주기도 한다. 이해와 배려를 받고 상대가 내 본모습을 봐준다고 느낀다. 하지만 어떨 때는 같이 어울리는 게 좀 따분하게 느껴질 수도 있다. 피곤해서 그렇거나 안 좋은 일이 있었을 수도 있다. 진정한 옛 친구는 둘 사이의 관계가 별로 즐겁지 않거나 보람을 느낄 수 없을 때에도 계속 내 옆에 있어 줄 것이다. 하지만 서로를 아끼고, 언젠가는 평생 함께했다는 기쁨이 이런 결핍된 시간을 능가할 때가 올 거라는 사실을 알고 있기 때문에, 우리는 서로에 대한 헌신을 유지한다.

그리고 새로운 리추얼을 탐색하고 전통을 만드는 것은 재미있고 창의적인 동시에 큰 의미가 있는 가장 오래되고 자주 반복되는 관행이다. 내 자신이 계속해서 시민이 아닌 소비자로 취급받는 세상, 세상과 소통할 유일한 방법은 구매뿐인 세상에서는 최신 유행을 좇는 것에 늘 의구심을 품어야 한다. 영적 관광객처럼 행동하지 말고, 표면의 거품을 걷어내고 그 밑에 숨겨진 진정한 자양분이 주는 즐거움을 한껏 들이키면서 느긋하게 즐기자. 칵테일처럼, 좋은 것은 바닥에 깔려 있다.

이것은 우리가 아름답고 초월적인 일회성 경험을 할 수 없다는 뜻이 아니다. 그 순간들도 소중하지만, 수행을 통해 만들어지지는 않는다. 수행은 오랜 시간 반복해야만 한다. 새로운 일을 시작할 때는 신선한 즐거움을 맛보는 경우가 많다. 초보자의 행운을 누릴 수도 있고, 내가 시도하는 일을 다른 이들에게 말하는 걸 즐길 수도 있다. 어느 쪽이든, 어느 순간 이 수련이 처음과 같은 빛을 잃기 시작하더라도 놀라지 말자. 연습을 계속 반복하려면 내면의 훈련이 필요한데, 특히 상황이 힘들어지거나 지치거나 기분이 좋지 않을 때는 더 그렇다. 그래도 조금만 참자. 결국 내가 연습한 것이 나의 일부가 된다.

팟캐스트 〈해리 포터와 신성한 텍스트〉를 200회 이상 녹음하면서 나는 오랫동안 무언가를 계속한다는 순수한 즐거움을 느낄 수 있었다. 비록 매주 똑같은 이야기와 똑같은 캐릭터를 이용해 똑같은 수련을 하지만, 여전히 새롭게 발견하는 것들이 있다. 이 책을 몇 번이나 다시 읽고 블로그에서 애독자끼리 수많은 토론을 했는데도 불구하고, 마법 세계에 자기가 아직 발견하지 못하거나 논의하지 못한 새로운 부분이 있을 거라고는 생각지도 못했다고 말하는 청취자들이 매우 많다. 하지만 끊임없이 변화하는 우리의 삶이 텍스트에 계속 반영되기 때문에, 항상 새로운 아이디어가 드러난다. 우리가 면밀히 연구한 특정 단어나 구절에는 이제 무겁도록 많은 의미가 드리워져 있다. 그것을 다시 읽으면 특정한 순간에 바네사와 나눈 우정이 떠오르고, 내가 어떤 사람이었는지 기억하게 되며, 지금의 나 자산과 연결하게 된다. 따라서 당신이 어떤 연결 방법을 사용하든, 괜찮은 것을 발견했다면 그것을 계속 고수하길 바란다. 그것이 당신을 앞으로 나아가게 만드는 가장 확실한 방법이다.

세상을 살아가는 힘

지난 수백 년 동안 '종교'에 대한 사람들의 이해는 많은 면에서 이례적이었다. 서구는 개신교적 사고의 영향을 많이 받았기 때문에, 종교란 결국 당신이 믿는 것이 전부라고 생각한다. 물론 이런 생각은 일부일 뿐이고, 세계 다른 지역에서는 대부분(그리고 물론 다른 시대에도) 종교에 대해 다른 사고방식을 가지고 있다. 종교는 우리가 실천하는 것과 관련이 있다는 것이다.

예를 들어, 고전학자인 샐리 험프리스는 고대 그리스의 종교에 대해 다양한 글을 썼다. 그녀는 그리스인들은 자기가 종교를 가지고 있다고 생각하지 않았다고 주장한다. 그들은 올림포스산에 있는 특정한 신들뿐만 아니라 강의 님프나 지혜 혹은 승리 같은 추상적인 개념들도 숭배했다. 피의 희생제, 신주 바치기, 신탁 자문 등 다양한 관행을 통해 이 위대한 힘들을 불러들였다. 그들은 서로를 위해 기도하고, 저주하고, 축복했다. 그리스인들이 전쟁이나 무역을 통해 다른 나라나 문화권과 관계를 맺게 되자, 그들은 자신들의 신성한 세계에 새로운 신들을 포함시켰다. 랠프 앤

더슨은 그리스인들이 기리는 신은 트라키아, 이집트, 시리아, 프리기아 등에서 왔다고 말한다. 이렇게 제멋대로 늘어나는 신들은 통일된 천상의 모습으로 받아들여지지 않았다. 학자들이 말하는 조직 신학, 즉 모든 것이 어떤 식으로 조화를 이루는지 보여주는 완전하고 논리적인 근거 같은 건 없었다.

그리고 솔직히, 종교가 있든 없든 상관없이 대부분의 사람들이 이런 식으로 살아간다. 인간은 각 가정의 문화, 어린 시절에 접한 전통, 절정의 경험, 깊은 걱정과 수치심, 은밀한 희망과 욕망, 설명할 수 없는 직관, 그리고 매우 멋진 아이디어로 구성되어 있다. 오전에 한 생각과 오후에 한 생각이 다를 수도 있다. 그리고 새벽 세 시에 병원 응급실에서 걸려온 예상치 못한 전화를 받았을 때, 우리가 뭘 생각하는지 누가 알겠는가. 고대 그리스인들처럼 자신이 왜 그런 행동을 하는지에 대한 완전한 답을 갖고 있지 않다. 아무 예배당이나 들어가서 거기 모인 사람들에게 왜 다들 똑같은 의식을 치르는 건지 물어보면, 거기 있는 사람 수만큼 많은 답을 얻을 수 있을 것이다. 어쩌면 더 많은 답이 나올 수도 있다. 영성과 종교는 항상 갈등과 모호성, 신비를 다룬다. 어느 정도까지는 그것이 그들의 존재 이유이기도 하다.

날 가르친 스테파니 폴셀은 목사가 되기 위한 훈련을 받을 때, 기독교의 가장 중요한 의식인 성찬례를 거행할 준비가 되지 않았다고 자기 멘토에게 말했다. "저는 그것이 뭘 의미하는지 아직 잘 모르겠습니다." 그러자 그녀의 멘토는 미소를 지으며 대답했다. "스테파니, 우리가 빵과 와인을 먹는 것은 그것의 의미를 알기 때문이 아닙니다. 그것이 무엇을 의미하는지 배우고 있기 때문에 먹는 겁니다."

이 책 곳곳에 등장하지만 우리가 아직 이름을 붙이지 않은 거대한 역설 속에서 살아갈 때는 성찬례 같은 리추얼이 도움이 된다.

연결은 사랑을 일깨우는 것

목표를 정하고 깊은 관계를 맺기 위한 방법을 실천하면서 갈망을 채워나가다 보면, 어느새 이것도 해야 할 일 목록의 또 다른 항목처럼 느껴지기 시작할 수 있다. 심지어 우리가 사용하는 언어도 그런 생각을 뒷받침하는 듯하다. 예를 들어, '공동체 구축'이라든가 '연결 형성'이라는 말을 자주 하는데, 이 말은 업무적으로 들리고 어떤 면에서는 실제로 그렇다. 특히 요즘처럼 타인이나 세상과 단절된 듯한 기분을 느끼는 이들이 많을 때 서로 연결되어 있다고 느낄 수 있는 상황을 조성하려면 상당한 노력이 필요하다. 커뮤니티를 구축하고 진정한 연결을 이루려면 힘든 작업과 전문적인 기술, 기획 도구가 필요하다. 하지만 영혼의 요구를 인정하고, 연결을 위한 공간을 만들고, 고립을 치유하는 라이프스타일을 추구할 때는 일보다 유기적인 성장에 중점을 두도록 재구성할 수 있다.

나는 이 개념을 '성장하는 커뮤니티'의 맥락에서 배웠는데, 이 것은 동료인 앤지 서스턴이 〈우리는 어떻게 모이는가〉 연구를 시작할 때 한 말이다. 모든 관계는 기계처럼 작동하는 게 아니라 자연 생태계처럼 상호 작용한다는 걸 알고 있으므로, 인간의 관계가 어떻게 깊어지는지 이해하려면 자연에 바탕을 둔 은유를 살펴보는 게 도움이 된다. 그러나 이건 단순히 성장하는 공동체에만 해당하는 것이 아니라, 이 책에 나온 네 가지 연결 수준에 모두 적용된다.

우리는 연결을 제조하지 않는다. 그것은 나무처럼 시간이 지나면 자연스럽게 자란다. 성찰 과정을 기계화하고 수많은 앱을 통해 사람들을 만나려고 시도하기도 했지만(스피드 데이트 앱이나 게임화된 인센티브가 있는 명상 앱을 생각해 보라), 이런 건 겨울에 핀 장미처럼 뭔가 강제적인 느낌이 든다. 우리가 자기 자신, 타인, 주변 세계, 신성한 존재와 연결되는 방식은 지구의 리듬처럼 계절을 거친다. 때로는 자기가 속한 관계에 암울할 정도로 무감각할 때도 있고, 관계의 씨앗을 심는 데 많은 시간을 할애했지만 보상의 꽃이 거의 피지 않을 때도 있다. 또 어떤 때에는 여름 과일이 가득 열린 과수원처럼 넘치는 사랑과 기쁨의 보상에 압도당하기도 한다. 대지처럼 인간도 심고, 수확하고, 대로는 휴경하기를 반복한다.

하지만 성장의 비유보다 훨씬 놀라운 것은 존 오도노휴가 연결에 대해 생각하도록 사람들을 이끄는 방식이다. 1998년에 녹음한 불교 교사 샤론 샐즈버그와의 대화에서 그는 이렇게 말했다. "나는 공동체 구축과 관련해 아무것도 믿을 수가 없다. 공동체 건설을 위한 프로젝트가 전부 잘못되었다고 생각한다. 공동체는 이미 존재한다. 존재론적으로 거기에 있다. 따라서 이 프로젝트는 각성에 더 가깝다." 그가 생각할 때 연결성이 기억되거나 드러나는 이유는, 우리가 이미 믿을 수 없을 정도로 친밀하지만 눈에는 보이지 않는 방식으로 서로 연관되어 있기 때문이다. 그것이 바로 인간으로 살아간다는 것의 의미다. 이것이 연결이다. 우리는 다른 모든 것과 연결되어 있다.

〈우리는 어떻게 모이는가〉 작업 전체에 이런 본질적인 진실이 기록되어 있다. 이 연구를 통해 증명된 것이 있다면, 연결은 구식 개념도 아니고 사라진 것도 아니란 것이다. 우리 주변에서 계속 진행되고 있다. 내가 연구를 하면서 알게 된 가장 유능한 지도자들 중 상당수는 활기찬 공동체에서 자랐다. 목사나 랍비, 여름 캠프 책임자의 자녀인 이들도 많았다. 어릴 때부터 쌓인 공동체에 관한 경험이 그들의 몸속 깊은 곳까지 스며든 것이다. 그리고 공동체에 대한 그들의 현대적인 표현은 깊이 연결된 느낌을 기억함으로써 만들어졌다.

오도노휴에게 연결이란 우리 삶에서 사랑을 일깨우는 것이다.

"네 가슴 속의 밤, 그건 네 안에서 새벽이 밝아오는 것과 같다. 한때 익명성이 자리했던 곳에 이제는 친밀감이 있다. 두려움이 존재하던 곳에 지금은 용기가 있다." 그는 이제 고전이 된《아남 카라Anam Cara》에 이렇게 썼다. "인간은 태어날 때부터 깊고 거룩한 연결고리를 가질 자격이 있다는 것과 우리가 무엇을 하든 본질적으로 서로 연결되어 있다는 사실을 하루에도 몇 번씩 상기해야 한다."

하지만 그게 사실이 아닌 것처럼 느껴지는 날이 며칠, 때로는 몇 주 혹은 몇 달 동안 이어질 때도 있다. 그럴 때 우리가 느낄 수 있는 건 외로움뿐이다. 다른 사람들뿐만 아니라 자기 자신과도 완전히 멀어지고, 평소에 느끼던 깊은 의미나 목적 의식도 사라진다. 신학자 폴 틸리히가 쓴 것처럼, "실존은 분리다."

그리고 여기 역설적인 비밀이 있으니, 연결과 고립은 서로 연결되어 있다는 것이다.

내가 남학생 기숙학교에서 외로운 청소년 시절을 보낸 경험이 없었다면, 지금처럼 깊은 유대감에 열정을 쏟지 않았을 거라고 확신한다. 단절을 겪어보지 않으면 연결에 대해 제대로 알 수 없다. 엄청난 공허함을 느낄 때 당신에게는 아무런 문제도 없다. 그러니 당신이 바꾸거나 고쳐야 할 건 없다. 하지만 해야 할 일이 한 가지 있다.

잘 기억하자. 둘 다 사실이라는 걸 기억하자. 엄청난 공허감과 영원한 연결. 완전한 외로움과 상호의존적인 사랑. 그것이 우리가 살아가는 역설이다. 그리고 이 책에서 살펴본 모든 실천 방안과 이야기, 전략은 기쁨과 슬픔, 압도감과 무력감을 느끼는 순간에 당신이 이 사실을 기억하도록 도와줄 것이다.

감사의 글

수만 명의 〈해리 포터와 신성한 텍스트〉 청취자들이 없었다면 이 책은 세상에 존재하지 못했을 것이라고 확신한다. 우리 방송을 듣고 바네사와 아리아나, 나를 본인들의 삶에 들여보내 준 모든 이들에게 감사한다. 〈죽음의 성물〉 방송을 마치기 전에 꼭 케이크를 굽겠다고 약속하겠다.

장난기 많은 내 파트너들. 편집하느라 정말 고생하면서 이따금 내 유치한 농담에도 웃어준 아리아나 네델만에게 깊이 감사한다. 그리고 세상 사람들이 터무니없다고 할 때도 굴하지 않고 나와 함께 마법 같은 일을 이루어준 바네사 졸탄에게 마음 깊이 감사를 전한다. 하지만 그보다 더 고마운 건 놀랍도록 좋은 친구가 되어준 것이다.

내 저작권 대리인인 리사 디모나에게 감사한다. 앞으로도 파리에서 함께 점심 먹을 날을 고대하고 있다. 또 로렌 카슬리와 라이

터스 하우스 팀의 지원에도 감사한다.

하퍼원의 편집자 안나 파우스텐바흐에게 감사한다. 당신의 날카롭고 사려 깊은 편집 덕분에 이 책이 내 능력을 훨씬 뛰어넘는 명료함과 영향력을 가지게 되었다. 또 그동안 베풀어준 친절에도 감사드린다. 내 '토 나오는' 첫 번째 원고에 대한 당신의 유쾌한 메모를 절대 잊지 못할 것이다.

그리고 하퍼원 팀 전원, 특히 메리 그랜지아, 미키 몰딘, 라이나 애들러, 주디스 커, 멜린다 멀린, 줄리아 켄트, 캐스린 해밀턴, 기데온 웨일, 에이든 마호니와 이 책을 펴내도록 도와준 모든 분들께 감사드린다.

너그럽게 서문을 써준 대처 켈트너에게 깊은 감사 인사를 전하며, 난 그의 수십 년간의 연구를 통해 이 책에서 설명한 많은 수련 방법에 대한 과학적 증거를 수집했다. 그토록 뛰어난 기교를 발휘해 과학과 영혼을 결합시킨 사람은 거의 없는데, 대처는 이를 통해 탄생한 아름다움의 산증인이다.

글을 쓰기 위해 조용하고 아름다운 에머리 하우스를 여러 번 방문했는데, 그때마다 성 요한 전도자 협회가 베풀어준 환대와 관대함에 감사드린다.

페처 연구소의 모든 팀, 특히 지난 4년간 내 연구를 지원해 준 미셸 샤이트와 밥 보이스처에게 감사한다. 미셸, 당신의 우정과 열정, 그리고 칼라마주에서 가장 맛있는 아침 식사를 할 수 있는 곳을 알려줘서 고마워요.

하버드 신학교에 보낸 6년이라는 멋진 시간이 없었다면 이 책에 나오는 대부분의 수련 방법을 알지 못했을 것이다. 마법을 실현하는 방법을 찾아내는 더들리 로즈의 능력, 매튜 포츠의 엄격함과 상상력, 다양한 사례와 후한 피드백을 제공해준 마크 조던, 긍정적인 답을 해준 데이비드 헴튼, 그리고 모든 동급생들과 너그럽게 날 가르쳐준 교수님들에게 영원한 빚을 졌다. 나의 영적 생활과 지적 생활을 더욱 깊고 활기차게 만들어준 두 명의 성화 봉송주자들에게 특별한 감사의 말을 전하고 싶다. 먼저, 내 연설을 듣고 항상 의견을 들려준 케리 말로니에게 감사한다. 정식으로 내 교사가 되어준 적은 없지만, 그에게서 얼마나 많은 걸 배웠는지 계속 깨닫게 된다. 그리고 물론 전통의 아름다움을 해석하는 방법을 알려주고, 내가 자신의 영적 삶을 탐구할 수 있도록 내 등을 단단히 떠받치고 내 귀에 용기의 말을 불어넣으면서 자신감을 심어준 스테파니 폴셀에게도 감사한다. 그녀 덕분에 난 무한한 부를 얻게 되었다.

멘토와 교사, 예전 스승과 새로운 스승들에게 진심으로 감사드린다. 세스 고딘, 에릭 마르티네스 레슬리, 켄 벨든, 번스 스탠필드, 낸시 암머만, 제프 리, 길 렌들, 존 도르하우어, 캐롤 진, 닐 해밀턴, 수 모스텔러, 존 오도노휴, 나디아 볼츠 웨버, 리처드 홀러웨이, 카이 그뤼네발트, 소리테어 타운센드, 브레네 브라운, 데릭

반 베버, 리처드 파커, 캐슬린 맥티그, 존 그린, 리처드 로어, 에이브러햄 조슈아 헤셸, 헨리 나우웬, 파커 파머, 그리고 특히 샬롯 밀라는 런던으로 돌아오는 길에서 영적인 삶의 문을 다시 열어주었다.

나이가 들면서, 인생은 우리가 만나는 사람들 그리고 그들과 함께 만들어가는 것들이 중요하다는 걸 배우고 있다. 나와 함께 여행하면서 함께 많은 걸 만들고 있는 이들의 우정에 감사한다. 힐러리 앨런, 캐롤라인 하우, 조나단 크론스, 아리엘 프리드먼, 제이미 헨, 모리사 소벨슨 헨, 잉그리드 워너, 밀라 마지치, 대니얼 보킨스, 마리사 에거스트롬, 니콜라스 헤이스, 에리카 칼센, 앤드류 브래들리, 티티안 팔라치, 로렌스 바리너 2세, 애덤 호로비츠, 레넌 플라워스, 앨런 웹, 사라 브래들리, 줄리안 홀트-룬스타드, 젠 베일리, 릴리아나 마리아 퍼시 루이즈, 요브 슐레진저, 시드 슈바르츠, 알렉스 에반스, 아덴 반 노펜, 리사 그린우드, 멜리사 바르톨로뮤 우드, 엘란 밥추크, 사라 루리아, 채넌 로스, 아미차이 라우-라비, 프리야 파커, 타라-니콜 넬슨, 메이 뵈브, 마이클 포펜베르거, 브로데릭 그리어, 팀보 슈라이버, 조니 채터튼, 스콧 펄로, 알렉스 스미스, 마이크 웹, 배리 파인스톤, 크리스티안 필, 줄리 라이스, 엘리자베스 커틀러, 대니야 슐츠, 스콧 하이퍼만, 제프 워커, 비벡 무르티, 제인 쇼, 그 외에도 많은 이들의 도움을 받았다.

또 원고의 초기 초안을 읽고 통찰력 있고 친절하며 적절히 자극적인 피드백을 제공해준 용감한 이들 - 특히 로렌스 배리너 2세, 힐러리 앨런, 앤드류 브래들리, 한나 토마스, 올리비아 하우튼 월리스에게 감사한다(리브리는 특히 말도 안 되는 내용을 읽고도 여전히 이 프로젝트를 지지해줬다. 그 부분에 대해 영원히 감사드린다). 책을 출판하는 과정에 대한 중요한 정보를 알려준 레이첼 힐스와 지은 벡, 정확한 팩트 체크를 도와준 마야 뒤센베리, 그리고 출판 전략을 짜준 마지 딜렌버그, 에리카 윌리엄스 사이먼, 제레미 하이먼스, 나탈리아 스베르젠스키에게 감사한다.

이 책을 만들게 된 많은 경험은 직장 동료인 앤지 서스턴과 함께했다. 감리교 주교들 앞에서 얘기할 때도, 제트팩을 착용하고 들판에 착륙하는 사람을 볼 때도, 공상의 세계를 여행할 때도, 앤지와 함께 세상을 배우고 만들어갈 수 있어서 좋았다. 내가 더 나은 모습으로 변했다면 누가 그걸 증언해줄 수 있을까? 앤지와 함께라면 100퍼센트 가능하다. 앤지와 또 다른 동료 수 필립스에게 영원히 갚지 못할 빚을 졌다. 이 책을 통해 전달할 수 있는 정신적 깊이는 전적으로 이들의 우정과 본보기 덕분이다. 당신들이 없었다면 여기까지 오지 못했을 것이다.

우리 가족들 - 수잔 힐렌, 마크 터 카일, 로라 터 카일, 플뢰르 터 카일, 로사 터 카일, 전부 사랑한다. 모든 사람에게 있어 첫 번째 책은 자기 어머니에 관한 것이라는 말을 들은 적이 있다. 이 책 또한 다르지 않다. 어머니가 날 키우고 우리 가족 전체를 돌본 방식이 이 책에서 공유한 모든 것 안에 포함되어 있다. 애쉬다운 숲을 거닌 긴 산책, 캠프파이어 주변에서 부른 VJK 노래, 토요일 밤의 카드 게임 등 어머니야말로 이 이야기의 진정한 작가다.

마지막으로, 사랑하는 남편 숀 레어에게 감사한다. 지금 그는 다음 주말에 있을 크리스마스 캐롤 파티를 위해 오렌지 껍질을 절이고 과일 케이크를 굽고 있다. 그동안 계속 책 생각만 하고 있는 날 참아주고 항상 내 옹호자 겸 동반자가 되어줘서 고맙다. 우리가 함께 있다는 사실이 정말 기쁘다.

옮긴이 **박선령**

세종대학교 영어영문학과를 졸업하고 MBC 방송문화원 영상 번역 과정을 수료했다. 현재 출판 번역 에이전시 베네트랜스에서 전속 번역가로 활동 중이다. 옮긴 책으로는 《타이탄의 도구들》, 《지금 하지 않으면 언제 하겠는가》, 《투자하는 마음》, 《비즈니스 씽커스》, 《고성장 기업의 7가지 비밀》, 《업스트림》 등이 있다.

하버드 신학대학원 펠로우가 찾아낸
관계, 연결, 일상 설계의 기술

리추얼의 힘

초판 1쇄 발행 2021년 12월 27일

지 은 이 캐스퍼 터 카일
옮 긴 이 박선령
발 행 인 서재필

펴 낸 곳 마인드빌딩
출판신고 2018년 1월 11일 제395-2018-000009호
전   화 02)3153-1330
이 메 일 mindbuilders@naver.com

ISBN 979-11-90015-69-1 (03100)
한국어출판권 ⓒ 마인드빌딩, 2021

마인드빌딩에서는 여러분의 투고 원고를 기다리고 있습니다. 출판하고 싶은 원고가 있는 분은 mindbuilders@naver.com으로 간단한 개요를 연락처와 함께 보내 주시기 바랍니다.